大家小小书

篆刻　王兴家

中国历史小丛书

新编历史小丛书

新编历史小丛书

辽代史话

陈述 著

北京出版集团
北京人民出版社

目　录

开头的几句话

——从万里长城说起

打开地图来看，在我们首都的北边，连绵不断的山岭起伏，由东向西延伸，燕山、阴山……峰峦相望，形成一条弯弯曲曲的长线，隔成了南北两片。山南，气候温和，人烟稠密，长久以来人们就已经养牛种地，过着男耕女织的生活；山北，气候寒冷，人口稀少，一直靠游牧射猎为生。追逐牧群的男男女女，在生产劳动中，把自己锻炼得体力强健，耐风寒。他们不仅惯于骑马，更长于跑马射箭。但是，打猎、放牧的经济，很难做到自给自足。他们的生活需要，不得不依靠农业区，他们迫切需要的农产品，只有南下交换或掠夺才能得到。这从他们当时或者更早一个时期的生产水平来看，“掠夺”可能“比进行创造的劳动更容易甚至更荣誉”，至少是没有感到不荣誉。山南田间的农夫、农妇们，虽然不拒绝交换，但并不欢迎掠夺。所以远自战国以来，一些接邻北边的封建诸侯（秦、燕、赵），为了保护自己的利益，根据实际需要，他们已经在边界上，顺山筑起了各自的边境围墙。因为是各自的围墙，有东西走向的，也有南北走向的。当公元前二二一年秦始皇统一六国后，便开始把旧的分散的由奴隶制向封建制过渡的生产，集中地向封建制迈进。他做了很多统一的工作。他想二世、三世……传下去。为了稳定农牧业生产，他发动了很大的人力、物力，拆除了一些妨碍生产的围墙，把这断断续续的北边围墙，补旧增新，连接成一道又高又厚的雄伟的大墙。东起辽东，西到临洮，真是万里长城长万里。学者杨振宁说："长城象征了中国悠久的历史与不朽的文化。它包括了历史上无数中国人民的劳动与智慧的成果，以及对整个人类的贡献。从历史的观点来看，长城象征了中华民族不容分割的整体概念。""从有史以来，大家一致认为只有一个中国。"草原上的人们，向中原朝廷朝贡；也有从草原来到中原建立朝廷的。万里长城在秦始皇以后又经过几次修补，南北朝时期的北齐文宣帝（高洋）和隋代的炀帝（杨广）都动过较大的工程。

明代也修过。他们从来没有认为那是修什么国界。

从秦始皇到现在，大约两千多年，一直没有断过长城南北的来往。但是，近一千年和千年以前，可大大的不一样了。这种不一样，这种改变，就是因为在辽代，经过契丹人、汉人和其他各族人民的努力，万里长城已经被大家拆除，实际上是“融化”了这一道城墙。辽代，通过各种方式，把长城以南的人带到北边的草原，在草原上建汉城；同时，也派草原上的人们来长城以南营建聚居点和辽城。近一千年来，完全改变了以前的状况，长城虽然矗立于北方山岭，但它只是作为历史古迹，留给人们游览凭吊；长城南北，政治上完全成为统一的不可分割的整体，经济上、文化上的联系，也一天一天地紧密，由逐渐接近到结合，并完全融合起来了。

由于长城在历史上曾为农业区的防卫，在漫长岁月里又自形成了新的意义，不是指那一道具体的大墙，而是把一个整体的长城作为防御掠夺、防御侵略的同义语。“把我们的血肉，筑成我们新的长城。”这是抗日战争年代里我们天天在唱的。长城对于我们生活在大墙南北的男女老少，同样温暖亲切。

我国数千年有文字记录的历史，特别在辽代以后的一千多年，长城南北达到了真正的会同无间，水乳一体。过去若算是农牧院墙，现在只能算房前屋后的花台栏杆了。

辽代（公元九〇七年至公元一一二五年）是契丹人做皇帝的一个朝代。契丹属于我国古老的民族之一，它是从秦汉时期，由东胡鲜卑族发展而来的。南北朝时期，它和中原地区发生了比较密切的联系；隋唐以来，契丹人在辽河流域得到了进一步发展。公元九〇七年唐朝灭亡以后，辽太祖耶律阿保机（汉名亿）和后梁朱温同时建国，国号称作“契丹”，到太宗耶律德光大同元年（公元九四七年）时，把国号改为“大辽”，一直用了三十六年。后来，圣宗耶律隆绪统和元年（公元九八三年）又改称“大契丹”。道宗耶律洪基咸雍二年（公元一〇六六年）又恢复了“大辽”的称号，一直用到公元一一二五年辽代末一个皇帝天祚——耶律延禧当了金人的俘虏。从头到尾共二百一十八年（为了方便读者阅读，本书自阿保机建国统称“辽”，不随国号的改变而改变。——编者注）。

在天祚皇帝被俘的前一年，太祖阿保机的八

代孙耶律大石，带领了契丹和契丹所属各部的人马，转移到现在的新疆西部和中亚一带，建立了西辽政权，直到公元一二一九年，被元太祖成吉思汗（铁木真）灭掉，这时，在中原地区，已经是南宋和金朝了。

辽代和唐代以后的五代（［后］梁、［后］唐、［后］晋、［后］汉、［后］周）及北宋并存。在我国历史上，这一段总的属于割据时代。北宋期间，中原曾取得统一，不像五代那样四分五裂。辽的疆域，南边以白沟（现河北省拒马河南支，向东沿塘泺从沧州以北至海）界河、恒山分脊和北宋接壤，往西经山西北部到陕西，和当时另一个割据势力西夏接连，东至鸭绿江以东和邻国高丽友好二百多年，东北越过黑龙江外兴安岭直到海上，北边包括了现在国境线以北很大的一部分地方。

辽代不但在事实上“融化”了万里长城，而且在唐朝东北、北方边疆的基础上，做了进一步的开发建设。辽代在东北沿海的阿眉里（吉里迷）乌底改地区和北方的乌古（羽厥里）敌烈部都曾经设置节度使，行使政府职权，管理当地的政务贡赋，帮助当地开发生产，大大鼓励了当地人民的向心力，为以后的统一铺平了道路。

辽代在东北的开发、建设，也稳定了祖国版图，明代初年在海边特林设置过奴儿干都司，修建了永宁寺，曾留下两块石碑（现存阿尔谢涅夫博物馆），成为举世闻名的历史文物。那明代的永宁寺，就是在辽代经幢基址上修建的。辽代继承了唐代的北方边境，经历过金、元、明三代，直到清顺治、康熙年间，才遭遇了外来的侵略。拨乱反正以后，已经没有把少数民族当外国人，把辽、金算为国外的了。

关于辽代，另一项必须提到的是，今天的首都——北京，是从辽代开始作为京城营建逐步发展的。辽代已经称此地为大都，元代只是沿用旧有的称呼。近一千年，北京一直是我们国家的政治中心。当然，北京更新的政治意义、历史意义，则是从毛主席宣布的中华人民共和国成立，“中国人民站起来了”开始的。

总之，辽代对于我们祖国的历史文化，是有一定贡献的。长话短说，就此截止。在这一本“史话”里，不可能面面俱到深入讨论，主要是给读者介绍一些辽代的一般史实。其他有关问题，只能顺便提几句。

第一章　契丹部落的成长和耶律阿保机建国

一　契丹部落的成长
——古代塞外和契丹部落

出了长城向北，古时候叫作“塞外”。那时候，白云荒草，一望无际。“天苍苍，野茫茫，风吹草低见牛羊。”辽阔无边的草地上，点缀着稀稀疏疏的马、牛、羊群和帐幕，就像长长的白纸上涂了几个大大小小的黑点；也像站在海岸上远眺，遥遥望到的几张渔帆。地旷人稀，居住在这里的男女老少，他们的衣食靠牛羊，牛羊的繁殖靠水草，不能定居下来。他们经常要随着季节，赶着牧群，从冬牧场到夏牧场，来来往往。实际生活要求人们分散开，以便各自寻找一块水源充足的草地。有时为了争夺牧场，彼此也发生冲突。在漫长的年代里，一个一个的集团，各自有了一定的区域，也养成了大家共同的传统和习惯。

我国历史上的匈奴、东胡、乌桓、鲜卑、突厥、回鹘等民族，以及稍后的契丹，都在这一地带里这样生活过。

现在，我们单就契丹族来说。

契丹族的祖先就是东胡。他们在长期的生产活动中，经历了毗邻各部的联合，结成了部落联盟，并且逐渐稳定下来，发展成为一个共同体。

契丹族逐渐成长壮大的过程，也就是和我国各民族，特别是汉族逐渐发生更多联系的过程。

“契丹”正式出现于历史记载，是在公元三八九年（北魏道武帝拓跋珪登国四年）。当时，契丹正被拓跋魏打败，退到了潢水（现西拉木伦河）以南、土河（现老哈河）以北，按聚族分部的形式，过着游牧、渔猎的生活。

史书里记载的古代契丹，有八个部落，被称为“东北群狄”。他们在北魏太武帝（拓跋焘）太平真君年间（公元四四〇年至公元四五一年），常常赶着马匹来中原进行交换。以后，一面在边境地区交换，一面就派人向北魏政府贡奉。不过，各部都是单独地进行联系，虽然属于同样的行动，但当时他们自己还没有统一的管理。

有一次，北齐和契丹冲突。北齐掳获了契丹“杂畜数十万头”，这是从侧面看到的契丹部落里人畜两旺的一个投影。

到隋代文帝杨坚开皇末年时，契丹已经发展成十个部落，每个部落“兵多者三千，少者千余”，估计有兵力两万多名，加上老幼妇女，约有十万人口。相传，这时各部已经统一起来，形成了部落联盟，由部落酋长中推选一人做首领（联盟长），三年改选一次，轮流担任。唐代的契丹首领是大贺氏，当时有胜兵（适龄的壮丁）四万人，分为八部，加上松漠府、玄州两地，实际上也是十部。他们打猎放牧，各做各事；对外战斗，共同行动。这时的契丹联盟已经是唐代政府的一个组成部分，称为松漠府。契丹首领由唐中央政府封为松漠府都督。联盟以内的各个部落改称为州，部落长（契丹人叫辱纥主，后来叫夷离堇）为州刺史。组织形式完全是唐朝的编制。契丹联盟在牧区，有自己的政治、经济上的特点，所以唐中央政府只是委托营州都督就近监督节制，给了它很多的自主权。

武则天时期，营州都督赵文翙没有能做好应做的联系工作，契丹部落首领李尽忠、孙万荣杀死了营州都督赵文翙，起兵反抗武则天朝廷，自称为“无上可汗”。当时西北各民族部落，都称唐朝皇帝为天可汗，现在李尽忠自称“无上可汗”，就意味着他们不再受天可汗的管辖了。武则天出动大批兵马进行讨伐，不但没有打胜，反而丢了营州（今河北省河间县）所属的各县，最后，还是靠奚兵袭击契丹后路，才把他们打退。

大贺氏联盟衰落后，又重新组成了遥辇氏联盟，他们按照古老的传统，把仅存的氏族部落，又分成八部。新的联盟依附了西北的突厥，和中原失掉了直接联系。突厥虽然也是中国的一部分，但在当时对于大唐政府却不是绝对服从的。契丹向突厥贡输，实际上就是对唐朝中央政权的疏远。特别是在“安史之乱”以后，中原地区经过连年战乱，道路不通，契丹人到内地的机会就更少了。后来突厥衰落了，回鹘代之而起，契丹、奚、室韦等部落，遭到回鹘的残酷压榨。在他们的部落里，回鹘设了类似监护使等官职，负责征收贡赋。契丹首领也被迫使用回鹘发给他们的图记。当时的回鹘也像突厥那样，上层权势集团对于大唐朝廷是不大听从的。

公元八四二年（唐武宗会昌二年）回鹘凋

败，由幽州节度使张仲武奏请唐中央政府，正式给契丹换发了中央颁赐的印鉴，同时也解脱了回鹘对于他们的剥削。

契丹部落“起于汉末，盛于隋唐之间”，在祖国草原上，经历了古八部、大贺氏八部到遥辇氏八部，几次的改编。各部落从联合到联盟；联盟从不固定到固定；首领也由不定选举到权贵家族世选。家庭私有财产的出现，造成了贫富差别，再加上权贵家族的出现，形成了对于契丹氏族制度的强烈冲击力。古老的氏族组织，逐渐出现了较大的缺口。也由于部落公务的增加，专靠部落长、首领的联系，已经远远显得不够，他们继承草原部落的传统，逐渐设置了自己的管理体系。

早在大贺氏联盟时期，契丹已经设有两个衙官，分别掌管兵马。两衙是继承回鹘的两相、突厥的两厢和匈奴的左右贤王来的。遥辇氏联盟时期，阻午可汗更“立二府以总之”。二府就是两衙的继续，也就是阿保机建国以后的左、右宰相府。

阶级统治的国家改变了部落结构的内容，但是他们仍然沿用了部落的形式。贫富不均使契丹民众向两端分化，成为不可调和的矛盾；大批的“流人”“俘奴”也和氏族组织不能相容，于是，氏族组织终于变成了阶级统治的国家。

二　流人和俘奴

——契丹部落的发展

唐代，特别是在开元、天宝以后，黄河以北的地区一直由地方藩镇控制，在繁重的兵役差赋和地主的勒索压榨下，农村破产的农民，手工艺人，三教九流的人们，包括那些不能满足个人愿望的知识分子，零零星星地逃到长城以北，被称为“流人”。他们沿着山岭坡峦，穿过大凌河河谷，进入辽河流域，依附在契丹部落里，做些零碎活儿，或者在草原边缘、河沿上，种些谷类蔬菜，技艺人和知识分子围绕着部落首领们的帐篷，制作奢侈用品或者帮助出谋划策。

辽太祖耶律阿保机出身的迭剌部，是一个具有较好的耕种条件的部落，收揽的汉人也最多。在阿保机的祖父匀德实的时期（大约相当于九世纪初），迭剌部里已经有了农业耕种，过去主要靠抢掠农业区才能吃点粮食，这时有了汉人替他们耕种收获，这在草原上是多么令人兴奋的苗头啊，新的苗头吸引着他们向南看。到了阿保机的父亲撒剌的时期，又开始提倡铁冶，铸造各种工具。这在部落组织里，显然也是件了不起的事。由于有了汉人定居的据点，耕种、纺织发展起来了，这就使迭剌部落的首领贵族耶律氏，一天比一天富裕起来。

阿保机担任了迭剌部的夷离堇以后，利用本部落的经济优势和政治条件，取得了契丹联盟的领导地位，进一步又联合了邻接的奚、室韦各部，实力一天比一天雄厚，声望也一天比一天得到提高。

公元九〇二年（唐昭宗李晔天复二年）七月，阿保机率领骑兵四十万闯进长城以南，在河北、山西一带，掠获了九万五千多名汉人，驼、马、牛、羊更是不计其数。这些人口和牲畜都被赶到潢水南岸，建城围起来。这些被俘虏来的人口和牲畜，都成了耶律氏的财富。以后，阿保机和他的部下，又屡次进入长城，掳掠人畜财物，“所得汉人，以长绳连头系之于木”。在驱赶途中，有的人趁黑夜自解绳索逃跑。当然，到达草原以后，也同样有解开绳子逃亡的。

阿保机的眼睛，看惯了成群的马、牛、羊，

也看惯了过去从战斗中掠来的东西。现在摆在他眼前的，既不是马、牛、羊，也不是可吃可用的物资，而是一群一群的活人。他觉得活人有用才掳回来，但是眼看着这些掳来的男男女女，如何处理还是没经验。这一大批劳力，心灵手巧，女织男耕，真是一批活“财富”。阿保机不断地考虑：“怎么才能把这批‘财富’安顿住，使他们稳定下来当奴隶呢？”

阿保机采取了三项主要措施，也就是运用了三种方法来处理这批“俘虏”。

第一，先用城栅围起来，实行严格管制；第二，根据俘虏们的技艺、能力，基本上是让原来干什么的还干什么；第三，通过汉人管汉人，也就是通过奴隶来管奴隶，稳定情绪。当时专门设立了一个机构叫“汉儿司”，派早先掳来的汉人韩知古来管理汉人事务。这个“汉儿司”，后来发展成了汉人枢密院，也就是南枢密院（简称南院）的前身。在契丹二百多年的统治中，一直实行南面和北面的双轨官制。官僚编制谈起来话长，这里暂且先说阿保机对俘虏的管理。

阿保机明白，要使俘虏成为顺驯的奴隶，光在手脚上限制是不够的，于是他在围俘虏的围墙里建佛寺，把俘虏来的和尚、尼姑挑出来，通过他们对俘虏做些精神上的思想麻醉工作。

阿保机还叫原来是夫妻的住在一起，让单身的男女也结为夫妻。尽管俘虏们得在围墙里生活，但比起被掳掠以前，这样的生活相对地安定。现在外有大墙围着，逃也逃不脱；内有和尚、尼姑们念经，超度来生，那就只好住下来！

“流人”和“俘奴”使契丹部落联盟有了更加强大的经济基础，使联盟得以更加向前发展。

三　称帝·建元·立东丹

——耶律阿保机的建国

耶律阿保机的部落，既有大量的奴隶生产，又不断地进行战争掳掠，这使迭剌部的财富迅速增加，实力异常雄厚，在契丹各个部落中居于领袖的地位。这时，靠近长城边缘的大唐将领，山西方面有河东节度使李克用，河北方面有幽州节度使刘仁恭，他们都想扩充自己的势力和地盘，彼此有矛盾。由于阿保机和刘仁恭的地盘直接毗邻，不免常常有冲突，形势导致他和李克用联合，并且结成了同盟，这就增加了阿保机的声势，甚至在汴梁的唐朝将领宣武节度使朱全忠，也常派人到草原来和他联系。

公元九〇七年，阿保机正式代替了以前的部落联盟首领痕德堇可汗，做了皇帝，历史上称为辽太祖。他结束了契丹族遥辇氏一家的世选首领时期，开始了耶律氏统治主政的辽代。阿保机的部下，上尊号称他为天皇帝，皇后为地皇后。就在这一年，汴梁朱温（朱全忠）正式废了唐哀帝李柷（初名李祚），自立称皇帝，改国号为梁（史称后梁）。

此后的几年间，阿保机接受唐沧州节度使刘守文的投降，帮助他打败了幽州卢龙节度使刘守光，又征服了一些长城北边的部落，如奚、霫、室韦和阻卜等，平定了自己弟弟剌葛等所发动的争夺皇位的变乱。但是因为连续几年用兵，也大大损耗了部落的实力，士兵们有时不得不杀掉自己的马，或者采挖野菜来充饥。这期间物价上涨了十倍。阿保机又经过一段时间努力，终于安定了内部，渐渐恢复了实力，这时中原的后梁、南方的吴越，以及其他地方割据势力，都派代表来与契丹联系。

公元九一六年，阿保机接受了部下和诸国

使者献给他的尊号：大圣大明天皇帝，皇后也接受了应天明地皇后的尊号。同年，阿保机宣布大赦，建元神册，进一步按照中原规格正式建立朝廷，封长子倍为皇太子。阿保机出兵西征，接受了幽州节度使卢国用的投降，任命他做幽州兵马留后的官。又领兵向西平服了突厥、吐谷浑、党项、小蕃、沙陀等部落，掳来酋长和部民一万五千六百户，铠甲兵仗器服九十余万件，宝货、驼、马、牛、羊不计其数。回军途中，攻陷朔州，生擒节度使李嗣本；又攻陷蔚、新、武、妫、儒五州；自代北到河套，过阴山，所向无敌。阿保机把武州改为归化州，妫州改为可汗州，设置了西南面招讨司，开始建立草原本位的统治体系，为以后长驱直入长城以南做好了准备工作。接着，他又几次进攻幽州、云州和邻近的西南各部落。

神册四年（公元九一九年）二月，阿保机修补了辽阳旧城，让汉人、渤海人住进去，改称东平郡。冬天，又征服了乌古部，俘获人口一万四千二百多，牛马车乘庐帐器物二十多万件。神册六年（公元九二一年），新州防御使王郁率领山北兵马向契丹投降，这些人被迁到潢水南岸。阿保机乘胜率兵进入居庸关，分兵连下檀、顺、安远、三河、良乡、望都、潞（今通县）、满城、遂城等十几个城池，把当地人民俘虏到北边草原，其中檀州、顺州的人们，被分配在东平沈州。

随着称帝、建元等活动，阿保机在这十几年中的“武功”已经初步奠定了汗国版图的基础，以后逐步拓展成半壁江山。早在神册五年（公元九二〇年）阿保机就命令有关方面仿照汉字创制契丹文字，称契丹大字；稍后又参考回鹘文法则，制成契丹小字。契丹大、小字，由朝廷颁布使用。神册六年，进一步定法律，正班爵，更向统一国家前进。

契丹是沿用部落形式建立国家的，所以各个部落虽然已经统一，但仍旧存在着或多或少的独立性，至于邻接的奚、室韦和其他一些部落，仍旧是各沿各自的习惯，各过各自的生活。彼此间尽管有草原上共同遵守的惯例、传统，终究由于部落分立，彼此互有异同，也是各行其是，这显然不符合建国以后的要求，“定法律”就是为了解决这个问题，巩固国家统一。

契丹由氏族部落发展到国家，各部自己原

有的首领，也都是实行的家族管理。现在已经有共同的政府，大家就要重新排排队，定个高低次序，“正班爵”就是为了解决这个问题，建立统治秩序的。

由于部落经济的发展，要求统一；部落统一，又要求建立统治的秩序；秩序安定以后，又要求扩展自己的实力，这样连锁反应地循环前进，形成了强盛的大辽政权。

阿保机在“定法律”“正班爵”以后，跟着规定了亲民官吏要在每年正月、四月、七月、十月这几个月下到基层，“询民利病”。公元九二二年又开始进攻幽州、蓟州，第二年，打下了平州。这时晋王李存勖（一作“勗”）正式代替了后梁称帝，改国号为唐（史称后唐）。阿保机乘机率兵直达涿州、幽州和安次、潞、三河、渔阳（今蓟县）、怀柔、密云等县，全部攻陷，大批老百姓都被俘到草原上，分成聚落圈起来，仍然是围上标志或圈起围墙，也就像县城那样的形式，这些聚落的番号，也还沿用原来州县的名称。

公元九二六年，阿保机又亲征渤海国（唐朝在东北沿海的一个地方封国），攻陷了首府扶余，改渤海国为东丹。封皇太子倍为人皇王，由他主持这一片新得的地区。阿保机又紧缩了渤海原来的编制机构，只设左、右丞相正副职共四人，并且安排了自己的弟弟任第一把手左丞相，任命渤海原来的丞相为右丞相；又交叉着以渤海人为左次相、以契丹人为右次相。这种一面利用、一面监督的巧妙部署，表现出阿保机在政治上的统治才干。

后唐李存勖死后，明宗李嗣源（称帝后更名李亶）接位时，特地派了一个使者姚坤去见阿保机。阿保机和夫人并坐在毡帐里接见了这位后唐的代表。阿保机问过情况后，首先表示对中原的关切，对已故皇帝的哀悼，然后提到和新皇帝欢好相处的祝愿。接着就对姚坤说："我要幽州令汉儿把捉，更不复侵入汉界。"不久，这位开国创业的一代太祖，便与世长辞了。

四　让国皇帝被迫让国

——契丹统治阶级内部矛盾之一

阿保机把一生里东征西讨取得的江山和未了心愿，留给了他的夫人、儿子以及围绕在他左右的权贵们。

长子耶律突欲（汉名倍），对中原的文学艺术都很有修养，能诗善画，是一个出色的学者。阿保机生前已经把他立为太子，后来以人皇王的名号来统治东丹；第二个儿子耶律德光，当时担任天下兵马大元帅的重要军职，是一个手握大权的实力派；三子李胡年纪还很小；另一个儿子不是述律后生的。当阿保机死后，暂时就由夫人——地皇后述律氏接管了军国大事，这样过了大约一年。

按照契丹族的规矩，新皇帝要由各部落首领从阿保机的子弟中选出一人来继任。据说地皇后（述律后）很喜欢次子德光，打算立他做新皇帝。她把两个儿子和各部落首领们都召集来，吩咐突欲、德光两兄弟乘马立在帐幕前，又对各部落首领们宣布说："两个儿子我都很喜爱，不知道该让谁来当皇帝。你们就在他们两个人中选择吧；你们认为谁合适，你们就站在他那一边，牵着他的马辔。"部落首领们早已经是心中有数，争着赶到德光这边来，牵引他的马辔。就这样，德光成了继承太祖（耶律阿保机）的新皇帝。

德光登上了宝座，他的哥哥突欲感到很不愉快。找了一个机会，自己率领骑从几百人，打算投奔中原，依靠后唐，不料被边境上巡逻的士兵捉了回来。述律太后对儿子训说了一番，又重新把他送回东丹去。

三年以后，天显五年（公元九三〇年）二月，做了皇帝的德光和没有当上皇帝的突欲又一起来朝见皇太后。朝廷里召集了群臣来议国事，又设宴招待突欲的随从官员们，接着又安排突欲到祖陵谒太祖庙，大家在祖陵集会，就像封建家庭里出了什么事，要在祖先祠堂里评论是非那样。经过种种活动之后，突欲又回到东丹。九月，朝廷又派专人去“抚谕”他，同时专门给他设置了仪仗护卫。“抚谕”、护卫，并没有看管住落选的皇帝，当年十一月，突欲偕同他的渤海夫人（高美人）和其他随从人员，带着很多书画，终于从海道投奔到中原（后唐）了。

突欲这次出走，临行时在海岸上作了一首诗：“小山压大山，大山全无力；羞见当乡人，从此投外国。”作为一个内部斗争的失败者，可以想见他是在一种什么样的心情下离开了自己的家乡的。

突欲到中原是要求做“政治避难”的，后唐不但用“天子”仪仗迎接了他，而且给了他很优厚的待遇。以后他还接受了后唐的赐姓、赐名和官爵，这是后话不提。

我们在这里再说一说契丹传统的皇位继承制度，顺便介绍一点突欲的学问和才华。

契丹的皇位继承，实际上是古老的八部推选的发展和延续。形式上，直接表现了部落推选的痕迹；内容上，也反映了社会的变动、阶级和阶级斗争的性质。阿保机的诸弟掀起的“叛乱”前后三次，连续好几年。诸弟是以剌葛为首的很多人，他们一再反对阿保机当皇帝，而且还自己建立了“天子旗鼓”。很明显，他们是在拥护旧习俗，不同意阿保机那样的大改革，也不愿意他当天皇帝，要求按旧例改选。阿保机没有遵守这套旧的传统习俗，拒绝了改选，还把主张重选的人们当作叛乱者镇压了。

这一回，突欲和德光的争执也是新旧势力的对抗，前后也有两次，突欲两次都失败了。他是一个学者，手上无兵，没有发展到大规模的刀兵相抗。但是第一次失败之后，突欲本想逃亡，因出走未遂，才尽量地克制忍耐，等待下一个机会。当他再次遭到失败时，便怀着凄凉的心情决意远走高飞，感到无颜再见乡人了。在史书里，突欲得到了一个“让国皇帝”的称号。

突欲的失败是书生败给了当权者，但从另一方面看，他属于拥护传统的守旧派，同时又是先进的封建制度、封建思想的信徒，某些地方过左，某些地方偏右，所以他败给了切合当时情况的奴隶主一派。

辽太宗德光以后，世宗（耶律阮）、穆宗（耶律璟）、景宗（耶律贤）相继登上皇帝宝座，从传袭继承的角度来看，都有“八部”推选的痕迹。就是圣宗耶律隆绪继承皇位的时候，也不是平静无事。兴宗（耶律宗真）和他的弟弟重元的一场明争暗夺的斗争，那就更明朗、更表面化了。

他们这些骨肉相争，不仅是统治阶级内部的皇位之争，也不仅仅是派系是非，而是经常贯串着新旧制度斗争的内容，当然也反映着当时的阶级和阶级斗争的情况。

所以，契丹的皇位继承问题，既是契丹统治集团传统的一个特点，也是契丹社会变动—前进的一些侧面投影。

下边我们来说突欲的学问和才华。突欲在辽代早期是一位很有成就的文人学者，通过他，我们可以看到南北文化的交流和联系。在他的身边有中原儒生、学者做伴读，瀛州（今河间市）人张谏，就是当时受到师礼尊敬的一人。

早在阿保机四处掳掠的时期，突欲已经派人到幽州采购过汉文图书，他所建立的一座半公半私的藏书楼，是当时我国北方藏书最丰富的图书馆。他随身渡海带到中原来的书，也有很多善本珍本，后唐枢密使赵延寿就曾经屡次向他借阅过。突欲好学勤读，所以学问渊博，多才多艺。他对《左传》很熟悉，能够脱口用典不显生涩，还能作诗绘画，书法也很好。他画的鹿、马，大都是反映契丹人的草原生活，酋长、贵族们袖弓挟弹，牵狗臂鹰，有很强烈的民族特点。宋朝宫廷里藏有他的作品十数件，并见《宣和画谱》。宋朝人说他画的《千角鹿》《蕃部行程图》尤称绝妙。突欲精通汉文、契丹文，翻译过《阴符经》，熟习阴阳五行，他还熟悉音律，精通医药针灸。

突欲在当时称得起是“中原文化集一身”的人物，通过他，我们看到了北方草原对于中原文化的迫切需要；通过他，我们也看到了契丹对于中原文化吸收的程度。

第二章　辽代前期的政治和经济

一　燕云十六州

——辽代前期政治经济的大发展

阿保机欲得幽州的心愿，只是作为一个心愿留给他的后人了。

耶律德光继承皇位以后，一面在内部做些整顿巩固工作，一面派兵侵扰幽州，主要是抢劫粮食。幽州的食粮，靠从外边州县运来供应，辽兵在城外劫掠，既阻碍粮运，也影响郊区生产。幽州节度使赵德钧在州城西南的幽、涿之间建立良乡县，屯兵保卫粮道；在州东五十里建立潞县，保卫城郊生产；又在州东开了一条运粮河，长一百六十五里，设置三河县保卫漕运。由于赵德钧在幽州的经营抵抗，辽侵扰幽州的兵力，向西转移，另找薄弱环节，“出寇云朔之间”。后唐明宗为了加强云朔防务，派女婿石敬瑭镇守河东。

后唐明宗的安排：幽州有亲家赵德钧（德钧子延寿即明宗的女婿），河东有女婿石敬瑭，自己手上还有避难的东丹王突欲。可是，他万万没有想到自己内部发生了政变。政变结果，明宗的儿子均被他的养子王从珂所杀，王从珂成了政变以后的新皇帝。赵德钧、石敬瑭当然不会同意王从珂，但是石敬瑭和赵德钧之间也有矛盾。

突欲给德光送信，报告了王从珂篡位前后的情况，建议出兵中原。赵德钧、石敬瑭也都派人到辽勾结。

赵德钧愿意出的代价：灭掉王从珂，自己做皇帝，和辽结为兄弟之国；由石氏镇守河东。德光正在考虑，还未表示是否支持赵德钧的时候，石敬瑭忍不过，特派桑维翰入辽。石敬塘愿意出的代价是：灭掉王从珂，由石敬瑭做皇帝，和辽结为父子之国；割让燕云十六州；每年贡帛三十万匹。桑维翰在德光帐前，泣哭跪求不起，德光同意了石敬瑭的要求。

赵德钧临时采取“静观”态度。

当时德光虽然答应了石敬瑭派来的代表桑维翰，但他没有马上宣布答应石敬瑭求兵，也没有提赵德钧和王从珂。首先宣布的是，他在白天睡觉做了一个梦，梦遇一位姿容美丽的神人，头戴花冠，身穿白衣，从天上下来，告诉他说："中原派人来找你，你一定要去。"他还故意去告诉了他的母亲，叫萨满（契丹人的一种古老巫师称萨满，这种原始巫教称萨满教）来占卜，说："中原将出天王，找你去帮助，你要去。"酝酿了几天之后，紧跟着就宣布了石敬瑭派人来求援。

经过以上的安排表演，德光正式宣布："我们不是为石敬瑭出兵，这是上天的命令。"契丹人信萨满、敬天神，"天命"是不可违背的。德光打出"天命"的旗号，亲自领兵十万，直入太原，打败了后唐大将张敬达。天显十一年（公元九三六年）十一月，在晋阳（今山西省太原市）立石敬瑭做了大晋（史称后晋，也称石晋）皇帝。

赵德钧父子参加了后唐抵抗辽、后晋的队伍，兵败，降辽。

石敬瑭的天下是借辽的兵马打来的，皇帝之位是耶律德光册立的。石敬瑭就按照原来许过的条件当了辽的儿皇帝。

会同元年（公元九三八年）十一月，石敬瑭派专使奉表，献幽（北京）、蓟（蓟县）、瀛、莫（任丘）、涿（涿县）、檀（密云）、顺（顺义）、新（涿鹿）、妫（怀来）、儒（延庆）、武（宣化）、云（大同）、朔（朔县）、应（应县）、寰（朔县东）、蔚（蔚县）十六州图籍。这一大片地方，是辽在征服渤海以后，又一次获得的广大农业土地和人民，增加了一个具有封建传统的新的组成部分。这个部分的特点是，它的农业、手工业和其他文化活动都比辽先进的地区更先进，因而成了带动整个辽前进的地区。

幽州，后唐的北门，现在作为辽的南门，一步一步地显出了它在祖国历史上的重要性。

德光和围绕着他的统治集团，面对老区（草原根据地）、新区（渤海地区）、新新区（燕云地区），在这一阶段里，做了全盘调整：改年号曰“会同”，改皇都为上京，升幽州为南京，以原先的南京（辽阳）为东京。建官制，有些旧职升了格，又增加了一部分新官职，使国家规模更加扩大更加规格化了。契丹，正式以继承大唐的姿态矗立于祖国北方，成为“大辽”。不难看出，随着燕云州县的并入，就有了以后的大辽国，就有了祖国历史上又一次的南北朝。

金代一百多年，总的说来，它只是大辽的

继续。

居住在燕云地区的汉族农民、地主，原封不动地被转移过来，做了大辽的百姓，大辽皇帝不仅是契丹、东丹的最大奴隶主，在这块唯一的有广大农业的土地上，又成了燕云地区地主阶级的代表人。

燕云地区作为汗国的一个先进部分参加进来了，但它还只是一个新新区。作为国家的全部或主要部分来看，它还有新区和老区。

草原上的贵族们，从前在这里抢掠农产品、俘掠人口，现在来这里征粮收税，成了这里的主人。阿保机生前的愿望，在这里“令汉儿把捉，更不复侵入汉界”，现在汴梁（后来石敬瑭迁都汴梁）的后晋政权，却充当了为他把守南边的“汉儿”。

农业、汉人，对于曾经征服渤海、俘掠过生口的契丹贵族来说，不能算是很陌生，但是像燕云地区这样大的农业区，就不能不成为这一时期的新问题、新局面。他们是怎样处理这样的新问题呢？又是怎么对待这样的新局面呢？

二　农业、牧业的管理和发展

——辽代的经济制度

在我国历史上，草原的人们来到农业区，总不免一时生疏，不协调。在辽以前，北魏进入中原时，他们把自己的马、牛、羊群也赶过来，用黄河沿岸的肥沃耕地，当作牧场，就像现代人从乡下搬进大城市，硬把鸡笼安在大楼的楼梯上一样，强把旧习惯和新环境结合。在辽以后，蒙古人到中原，也曾经打算把村舍城镇平为草地当牧场。看起来，契丹人要做得好一些，他们没有在新环境里硬塞进旧习惯。这是因为他们对于农业区多少有点了解，对于农业和农夫、农妇的管理也有过一点经验，他们善于利用已有经验，摸索前进，一面割草，一面磨刀。所以在对于农、牧关系的处理上没有走太多的弯路。

契丹统治者对于燕云地区农业的管理，一开始就注意了恢复农村、组织生产，可以说，这和耶律氏发家的历史也是相关的。在阿保机的祖父匀德实任夷离堇的时候，他就“喜稼穑、善畜牧、相地利以教民耕”，利用过一些不碍牧场的边缘角落，搞点农业，既能安插“流人”，又能增加收入；阿保机的伯父释鲁，也布置过“种桑麻，习织组”，他们都懂得要欢迎乳肉皮毛以外的农产品。

契丹统治者从接管燕云地区以后，就曾经下令禁止南京（幽州）母畜出境，责成主管人员教民播种、纺绩，严格地规定在行军中，“敢有伤禾稼者，以军法论”。

燕云农业区可以给部落里提供很多的食粮和奢侈用品。租赋税收更直接鼓励了统治者对于农业的兴趣，所以，契丹统治者始终采取保护农业、鼓励生产的政策。比如，各州有逃亡户主的庄田，允许“番汉人承佃，供给租税”；遭遇自然灾害的时候，还特许豁免租赋；根据人口密度，从人口稠密的州县里，把人们迁到人口少的州县里，发给他们耕牛、种子；又宣布燕云地区的荒地，“许民耕种，免赋役十年”；还在境内普遍设立义仓，禁止官军打猎伤害农田；等等。在农业技术方面普遍提倡垄作生产，燕云地区也已经有了渠道灌溉。

契丹统治者除了在燕云地区积极采取恢复农村、发展生产的政策，在全境内包括头下州（属于贵族们个人的私城）在内，主要采取安定生产、发展生产的道路。

牧放是契丹人祖传的本领，草原上的主要生产。到过牧区的人就很容易体会到“牛马成群以谷量”的景象。他们已经发展到建立冬、夏轮歇的牧场，也早已经采取分散放牧的管理方法。这时契丹“马群动以千数，每群牧者不过三、二人”，放牧时，任随马群“逐水草，不复羁绊。有役则旋驱策而用，终日驰骤而力不困乏”。谚语流传“一分喂，十分骑”，仅从马的外表看，“蹄毛俱不剪剃”，或许会认为不够精心，但是他们的牧养经验证明：“遂性生长”才能“滋生益繁”，契丹人养马毕竟是有经验的。政府对于牧业也是积极鼓励提倡的，有一整套管理方法：官马都在马的左股烙上火印；各部也有各部自己的印记。每年阴历四月到八月，都把马赶到草甸子，“令其自逐水草”；八月末，再赶回来饲养。“羊以千百为群”，也是“纵其自就水草，无复栏栅，而生息极繁”。牛、驼也是单独成群的。

契丹人对于牧群的管理，还没有防御自然灾害的设备，遭遇大风雪，往往造成牲畜倒毙。但政府有管理国家牧群的官职，有专门设的兽医机构。契丹统治者这样重视牧业，不仅因为它关系到部落的衣食，而且也因为它直接影响到国家军队的质量。

除东北山林河流沿岸的某些部族外，渔猎一般作为牧畜农耕的副业，不属于主要生产部门。至于契丹的手工业和矿冶等部门，也都是围绕着牧业、农业的发展而发展的。

牧业需要草场，农业需要耕地，彼此的要求是不同的。由于辽统治地区地广人稀，两者并没有形成对立，所以辽政府一面发展畜牧，一面提倡农业，对不同地区有不同要求，采取了各就自己的传统，结合当地条件，发挥自己特点的政策，从而得到了互相学习、彼此补充的效果。比如让头下户学习牧放，燕云农户兼营畜牧，他们彼此学习，逐渐在某些地区出现了定居放牧的形式。在分散经营的小农经济、农牧业尤其是牧业技术较差等条件下，定居放牧这种经营形式，是一条农牧互相促进的道路，是劳动人民从实践中摸索出来的先进经验。这个新因素的出现，说明了辽经济的进一步发展。

农牧并重，牧区是国家的主要部分，朝廷以

燕云地区作为国家的农场粮仓。在粮仓外围把守的护卫——后晋政权，不仅不向大辽领报酬，还要竭尽全力向大辽报效奉献。

三　契丹和后晋的破裂

——石敬瑭傀儡政权的灭亡

契丹统治者把石敬瑭摆在皇帝的位子上以后，就把他当作警卫、门岗，把守燕云“粮仓”，也通过他向中原百姓进行勒索。

石敬瑭当了皇帝，不得不用傀儡政府的名义，竭尽一切力量，搜刮民脂民膏，再以儿皇帝的身份，奉献给契丹主子。石敬瑭的年龄，比德光要大好多岁，但是他毕敬毕恭拜倒在德光面前，规规矩矩地称儿子、称臣。石敬瑭就是这样地屈辱供奉，一直到死。

石敬瑭死了，新皇帝（出帝石重贵）接位，统治集团内部出现了两种不同的主张：一派以李崧为代表，主张遵循石敬瑭的道路走下去，这反映了一部分毫无气节、苟安享受的地主阶级上层分子的要求；一派以景延广为代表，主张采取强硬政策，调整对辽的关系，把国家和皇帝分开。

皇帝个人任随他去称孙子，代表国家民众的政府，不再向辽称臣。这反映了绝大多数人不甘屈辱的愿望，包括了广大人民群众和部分稍有民族气节的上层官僚分子。由于景延广是政府里的实力派，立过大功，握有兵权，出帝石重贵只好跟着他的强硬政策走。

强硬派的得势，在一定程度上，也是广大人民反抗压迫、不甘屈辱的一种胜利。

不过，在契丹统治者的眼里，后晋政权，只是一个把管汉地的汉儿，只是一个可任意摆弄的傀儡。现在，后晋政权既然拒绝称臣，破裂便是不能避免的了。

当后晋出帝石重贵对契丹“称孙不称臣”以后，德光立刻派了客省使（又作回图使）乔荣去责问。这个乔荣，一向往来南北做买卖，并在大梁（今河南省开封市）设有货栈。不料想这次以使臣身份前来，后晋政府竟派人把他看管起来，没收了他存在货栈的货物，还杀了其他所有的辽国奸商。后来有人说，辽援助过后晋政权，这样做未免太过分，才释放了乔荣。临走，乔荣去向景延广告辞，景延广对他说：“回去对你的主子讲，先帝（指石敬瑭）是北朝所立，所以奉表称臣；今上（指石重贵）是中国所立，我们南北两朝是邻国。因为有先帝的盟约，我们对北朝仍然很尊重。皇帝个人由他叙辈分称孙子，政府没有称臣的道理。希望北朝皇帝不要听信赵延寿的诱骗，估计错误。中原的兵马，你是亲眼看到的，不信可以来试试，这里有十万横磨剑，正在等人送头颅。以后战败了取笑天下，可不要后悔。”乔荣一听，心想货物已经被没收，回去也不好交代，就说：“您这些话，我怕记不全，恐有遗忘，希望能记在纸上。”景延广就叫人把话写下来给了他。乔荣回去以后，如实地报告了德光，德光当时大怒，决意对后晋用兵。

从公元九四三年到公元九四五年（辽会同六年至八年），辽政府三次进兵，都遇到了中原士兵和人民的奋勇抵抗。战争中双方互有胜负，有时后晋兵还打进北界，形势对中原十分有利。但是，后来的形势没有能朝着顺利的方向发展。驻守在太原的后晋大将刘知远观望不前，只求自保；前方大将杜重威、李守贞等，竟以二十万大军向辽投降，这样便造成了后晋的失败，后晋出帝石重贵被捉。

辽兵趁机抢掠杀戮，十分残忍。做过几朝元

老的冯道对德光说，这时候苦难的老百姓，连菩萨也救不了，只有可汗您能救他们。德光才下令禁止杀人。辽会同元年（公元九三八年）冯道北使时，德光曾打算留下他，被冯道婉言辞谢。当时德光赐给他貂袄貂衾等物。冯道有诗云："朝披四袄深藏手，夜覆三衾怕露头。"既不出头又藏手，正是他左右应付圆滑处世的自白。

契丹统治者的野蛮屠杀，虽然获得了战场上的胜利，但是没能征服中原的民心。尽管德光和颜悦色地对百姓说："我也是人，大家不必害怕。"

辽会同十年（公元九四七年，同年改元）正月初一，德光用中原皇帝的仪仗进驻汴梁，坐在崇元殿上接受百官的朝贺。同时宣布封后晋出帝石重贵为负义侯，安排后晋旧臣张砺为平章事，李崧为枢密使，冯道为太傅，和凝为翰林学士，又分别安排了赵莹、刘昫、冯玉等人。随即派赵莹、冯玉、李彦韬押送负义侯和他的眷属（母亲李氏、太妃安氏、妻冯氏、弟重睿、子延煦延保等）到黄龙府囚禁（后经后晋太后请求被安置在建州附近）。并且把后晋的官吏、妃嫔、方技、百工以及图书、石经、乐谱、铠仗等等全部集中，运送上京。

同时，正式宣布改国号为大辽，改年号为大同。把镇州（今河北正定）升格为中京，以赵延寿为大丞相兼政事令枢密使中京留守。

德光按照草原上的习惯，以战胜者的姿态，在中原纵情抢掠，激起了中原人民更大的愤怒和反抗。很多人上山结寨自保，多的数万人，少的千百人，不时出兵打游击，辽军吃了不少亏。后晋将领之中，太原刘知远表面敷衍观望（不久称帝即位）；彰义节度使史匡威据泾州拒绝契丹；雄武节度使何重建以秦、阶、成三州投蜀。形势对辽极为不利，这才迫使德光不得不很快离开汴京。尽管德光口头上说天气炎热、水土不服，实际上内心里带着比水土问题更沉重的负担，奔上了归途，刚走到栾城（今河北栾城）便一命呜呼了。

四　南进呢，还是保守？

——契丹统治阶级内部矛盾之二

说来正巧，太祖阿保机，太宗德光，都是死在出征的回程中，父子两人全是活着出来，死了回去的。

原来在这次出兵南征之前，契丹统治集团内部曾经有过争论。述律太后就极力劝阻过德光。当时，述律问德光："让汉人来做辽主可以吗？"德光说："不可以。"述律接着问："那么你为什么要当汉皇帝呢？"德光说："石家负恩不能容忍。"述律说："就算你现在得了汉地，我看也不可能住下去，万一失败，后悔就来不及了！"

他们母子的这番谈话，彼此心里都是明白的，述律太后的想法是："咱们西楼有那么多羊马，够享受的了。"德光心里也有数，不同意他向南进兵的还有很多人。他终于排除了据地自保的想法，领兵南进，打垮了后晋傀儡政权。

现在辽太宗德光死了，跟随从征的将领们，一时陷于群龙无首。他们考虑着摆在面前的两条道路：第一条，带着德光的尸首回草原，如实地报告给老太后或皇太弟耶律李胡。这样做，新皇帝和老太后对于大家的冲锋陷阵，出生入死，未必看作是一件了不起的功绩。第二条，就是从南征的将领中找个合适的人当皇帝，这样，大家的汗马功劳一定不会落空。酝酿、商量，大家意见一致了，他们采取了后一条办法，共同推举出南征将领之一、东丹王突欲的儿子永康王兀欲（汉名阮），在回军中途的镇阳做了皇帝，历史上称为辽世宗。

果然，老太后和皇太弟李胡听到这个消息，就发火了。他们不但没有来欢迎、慰劳，而是调动兵马打了过来。这场战斗，兀欲和南征将领们得胜了。

老太后、李胡被迁到上京。

南下出征的功臣，现在又是拥立皇帝的功臣，自然升官受赏，不在话下。

且说此时中原的变化，同时也直接牵涉到契丹朝政和北方的人民。

公元九四七年（辽大同元年、后晋天福十二年），原后晋太原守将刘知远自立为帝，建国号，改称汉（史称后汉）。长江以南的南唐派人来契丹联系，要求共同夹攻刘知远，并且已经攻下了安平、内丘、束鹿等城。到公元九五一年（辽应历元年），后汉将领郭威废帝自立，建国号，改称周（史称后周）。刘知远的弟弟刘崇（又名刘旻）在太原自立称帝，国号汉（史称北汉）；他为了保存自己苟延残喘，又一次向辽称侄求援，辽廷派专使册封他做了“大汉神武皇帝”。

辽廷的统治集团在南进、保守的岔道上一直摇摆不定。一些无耻的汉族权贵，为了自身的功名利禄总想找机会钻空子。

过去，石敬瑭向德光称过儿子。那个做了大辽宰相的赵延寿也很羡慕这个角色。他向德光求做汉人地区的“皇太子”，德光把他戏弄利用以后，没有兑现承诺，赵延寿的要求没有结果，名义、待遇也打了一些折扣。现在，刘崇又向兀欲称侄子。这三个面北屈膝的野心权贵，都是自己首先低一辈，转过头来却对人民耀武扬威、南面称王。这样的“王”能算王吗？

石敬瑭做了多久皇帝就做了多久“儿子”，“孙子”又被“爷爷”打垮了。

赵延寿卖命出力，盼着当儿子还没当成。

刘崇这个侄皇帝的日子，也是不好过的。他统治地区里的出产连同土特产品，哪怕是一些葡萄、樱桃，全都要急急忙忙奉上去，奉上去了还要被各种挑剔。

到了后周太祖郭威，以及他的继承者世宗柴荣，和这些人不一样了。他们锐意振作，成了抗辽力量的代表。

后周先向北汉傀儡政权开刀，公元九四五年，在高平打败了北汉的军队，北汉又急忙向辽政府求援。这时，辽国的各部落首领，多数人都不愿意南进，要求过一段安定生活；只有辽世宗耶律兀欲和大家的愿望相反，他采取了积极态度，决定自将南伐。不料走到归化州祥古山，从征将领察割、沤僧等一部分人就发动了兵变，世宗耶律阮就在这次兵变里倒了下去。

新皇帝穆宗耶律璟和新朝新贵，一反世宗的主张。“西楼有那么多羊马，够享受的了”这种思想，支配了统治集团绝大部分的人。保守成了政府的施政方针。

后周世宗柴荣在中原地区，对政治、经济各方面做了一些整顿工作，接着又打败了南唐，取得了江北地区的各个州县，这样，在后周朝廷所辖地区内，出现了暂时稳定的局面。

公元九五九年（后周显德六年、辽应历九年），后周世宗亲自统兵北伐，在人民武装配合下，形势发展很顺利，一连克服了益津、瓦桥、淤口三关，取得瀛、莫二州，收复了关南大部地区。当辽帝得到这个消息时，竟不大在乎地说：“三关本汉地，现在还汉人，哪里叫失地。”实际上，在后周进军以前，辽在这一带就没有什么特殊防御设施或作战准备。后周军队的挺进，几乎没有遇到任何的抵抗。

公元九五九年夏四月，后周将领韩通由沧州顺水道进入辽境内，四月十七日后周世宗到达乾宁军前线，辽宁州刺史王洪献城投降。以后，赵匡胤、韩通分别担任水、陆两路都部署，齐头并进。他们在益津关接受了辽守将终廷晖的投降；在瓦桥关接受了辽守将姚内斌的投降；第二天接受了辽莫州刺史刘楚信的投降；五月初一接受了辽瀛州刺史高彦晖的投降。至此，收复了全部关南地区。后周改瓦桥关为雄州、改益津关为霸州。此时，后周世宗因病，下令班师。

这次后周的进军，为什么如此顺利，一点没有遇到抵抗呢？因为辽统治者认为关南地区全是属于中原的地方，派在当地的将领全是汉人，也就是辽穆宗所说的把汉地还汉人。另一方面，事实也很清楚，这时辽廷内部正是保守派在当权，他们满足于草原上的马、牛、羊，对于关南的汉地并不十分重视。

后周世宗柴荣，一病不起，以至死亡，抛下了孤儿寡妇。赵匡胤在陈桥驿（在今河南省封丘县境内）演出一幕“陈桥兵变”，黄袍加身，做了皇帝，改国号为宋。

大宋开国就是凭借了后周抗辽的兵力而成功的。

五　和好·破裂·再和好

——北宋和辽的关系

当中原停止北伐进军的时候，辽廷当权的属于保守派，他们陶醉在马、牛、羊群里，宋、辽边境上，一时相安无事。直到公元九七四年（辽保宁六年、宋开宝七年），北宋派出权知雄州孙全兴，辽廷派出涿州刺史耶律合住（汉名琮），双方才开始了“和平相处”的接触。

辽代的历史记载说，是宋方几次派人来表示通好、希望讲和，所以辽帝答应了这个请求；宋代的历史记载说，“和好”的建议是辽方提出来的，所以宋朝皇帝就同意了这个意见。双方都故意回避是自己主动要讲和，实际上是彼此都有讲和的要求。当时，北宋王朝正和江南的割据势力作战，“讲和”是为了要减少北方的后顾之忧；辽廷正值保守派当权，乐得南面边境上相安无事。这样双方才算维持了四五年的和好局面。

在这一段时间中，宋、辽互派使节，祝贺正旦、生辰，使用仪节、礼品，大体上彼此平等。也没有什么附带条款，辽廷还约束过自己的傀儡——北汉，不得捣乱闹事。

公元九七九年（宋太平兴国四年、辽乾亨元年），宋太宗（赵匡义）打垮北汉，结束了唐末五代以来的中原割据局面。宋军乘胜前进，直逼辽的南京（也称燕京，即今北京），这样一来，就形成了宋、辽直接的冲突。

宋军由太原方面浩浩荡荡开过来，辽易州刺史刘宇举城投降，至涿州，判官刘厚德也举城投降，宋军直指燕京城。辽军负责燕京防务的北院大王奚底，屯兵城北，统军使萧讨古等在沙河（拒马河和沙沟水）接战，辽军初战失利，退到清河以北。宋军进一步包围了南京，东南西北四面分别由统帅指挥，宋太宗赵匡义亲自坐着轿子，环行监督攻城。

辽廷面对这个南来的新攻势，虽然没有立时做出积极有效的反应，但是对于南京这样重要的门户，当然不肯轻易放弃，除非防守不住。在奚底失利的时候，辽廷派耶律休哥带领五院军赶来支援。辽将耶律斜轸在昌平得胜口一带引诱宋军，打了一个有准备的伏击战；接着，又打了高粱河战役，斜轸、休哥分左右翼夹击，又大败宋军。宋太宗狼狈遁走，直到涿州才得改乘驴车逃回，暂时结束了这场战争。但从此以后，宋、辽边境上连年用兵，战乱不停。

从公元九八〇年（宋太平兴国五年、辽乾亨二年）春天，到公元九八二年（宋太平兴国七年、辽乾亨四年）夏天，西路雁门（今山西省雁门关）—应州—云州一线，中路岐沟关—拒马河—易州一线，东路莫州一线，都有宋、辽军大大小小的接触。有时这一路宋占上风，那一路辽又占上风，彼此互有胜负。总的情况，算是平手，所以打来打去，形成了拉锯战。

公元九八三年（辽统和元年、宋太平兴国八年），辽圣宗（耶律隆绪）以刚刚十二岁的年纪继承了皇位，军国要务都由太后掌管，耶律斜轸、韩德让等人做了辅佐大臣，又把国号改为契丹。公元九九〇年（辽统和八年、宋淳化元年）辽政府扶持西夏的李继迁为夏国王，进一步和西夏结好；两年以后，公元九九二年（辽统和十年、宋淳化三年），又向高丽用兵，次年高丽称臣入贡，辽更以女真鸭绿江东之地赐高丽。这样，耶律隆绪巩固了左右两翼，然后回过头来，于公元九九五年（辽统和十三年、宋至道元年）开始进兵雄州（今河北省雄县），但是遇到了当地北宋军民的猛烈抵抗。公元九九九年（辽统和十七年、宋咸平二年）再次进犯邢（今河北省邢台县）、洺（今河北省永年县）。公元一〇〇一年（辽统和十九年、宋咸平四年）宋将王显大破辽军，俘获辽军的统军铁林相公。第二年（辽统和二十年、宋咸平五年）辽帝又命令北府宰相、驸马萧继远等统兵南下。公元一〇〇三年（辽统和二十一年、宋咸平六年）四月，辽将萧挞览进军高阳关，宋将王继忠战败被俘后投降。

公元一〇〇四年（辽统和二十二年、宋景德元年）九月，辽圣宗和太后亲率大军二十万，大举向南攻入定州（今河北省定县）。十一月到达澶州（今河南省濮阳县），此时宋真宗也在大军前线，正好到达澶州北城。北宋军民望见真宗的黄伞，受到极大鼓舞，争先奋战，以一当十，打了一个胜仗，辽将萧挞览中伏弩阵亡。正当双方交锋的紧张关头，形势突然急转直下，出现了一个“和谈”的场面，当然，这也是经过屡次接触才取得的。宋派使者曹利用至辽军前，太后与韩德让偶坐骆驼车上，利用坐于车下，馈之食，共议和事，利用许岁馈银十万两、绢二十万匹。谈判成功，宋、辽订立了罢战盟约，历史上称这次讲和为“澶渊之盟”。

“澶渊之盟”对当时和以后的历史都有重大影响，后面再讲。现在说一点当时辽廷的一些人事关联。

这段插曲要围绕着太后说。

随着十二岁的小皇帝继位才有了太后，实际上这位太后还不满三十岁，年轻新寡，支撑着整个北朝江山。她在内要应付新旧势力、南北文化和派系以及边境等问题，对中原还要显示出大辽的尊严和场面，可谓是日理万机。

这位太后就是大大有名的萧太后，姓萧名燕燕，是萧思温的三女儿。景宗有风疾，即位后，“国事皆燕燕决之”。思温任北院枢密使兼北府宰相，未久遭暗杀。南京留守韩匡嗣摄枢密使，弟匡美是南院统军使，封邺王。匡嗣五子，其中德让、德威、德崇均煊赫，尤其德让更突出。耿家绍忠、绍纪兄弟们典军政，绍纪子延毅，任西南面招安使。统兵大将有耶律休哥、耶律斜轸，阵容相当整齐。景宗去世后，燕燕主持政府，临朝二十七年，直到五十七岁去世。

我们再看看这些人的戚谊关联：耶律斜轸是太后的侄婿，休哥是仲父房皇亲。圣宗齐天皇后是韩德让的外甥女，耿绍纪是韩德让的妹夫，齐天皇后和耿延毅属姨表兄妹。这些人物，都由裙带连襟黏合在一起了。当然，父子兄弟也有争吵流血，这就是太后“善驭左右大臣，能得其死力”的政治才能。

历史记载韩德让有辟阳之幸，荣宠终始。

传说太后幼年曾许嫁德让，临近婚期了，赶上皇家向萧氏求妇，于是就嫁入皇家（景宗）；生子隆绪即圣宗；景宗三十五岁病死，抛下寡妇孤儿，这就是太后与幼主。韩氏世典军政，有实权。“恐不利于孺子”，太后私谓德让说：“吾曾许嫁你，愿谐旧好；则幼主当国，也算是你的儿子嘛。”从此德让出入太后帷幕就不分彼此了。既而太后鸩杀德让之妻李氏。每出弋猎，必与德让同穹庐而处。

传说就是传说，太后对韩德让说什么，别人不容易听到，听也不容易听全。

韩德让被赐姓耶律，籍隶横帐季父房，特置

左右护卫百人。按契丹规矩，只有皇帝才有这种待遇。德让有宫卫，完全享受了皇帝的待遇。就以接见曹利用来说，太后和他偶坐驼车上，也能说明点问题。这是事实，曹利用当场亲眼见到，回到宋朝报告的，不是传说。韩家“戚属族人拜使相者七，任宣猷者九，持节旄、绾符印，宿卫交戟入侍纳陛者实倍百人”，确是一个有影响的权势家族。韩家虽然姓了耶律，但他们仍是汉人，他们有中原传统文化的教养，也有多年来燕赵之风的熏陶。他们是北方之强的代表。

虽是韩德让一个人做宰相，但影响他的不会是一两个人。

这段故事，可当作一段戏剧素材。就算史话不是教科书，也不能说得过多了。

第三章　辽代后期的政治和经济

一　学唐和比宋

——澶渊结盟后的变化和辽的方针政策

公元一〇〇四年十二月澶渊结盟以后，辽、宋双方得到了一段相对的和平时期。

在这一段时期里，没有兵马骚扰，社会生产力得到了发展和提高，南北的公私贸易经济交流，呈现繁荣活泼景象，这是当然的。

南北两个皇室间的通问祝贺，按皇帝年龄辈分称兄弟伯叔（侄）或叔祖（侄孙），“南北一家”；两个朝廷间不论口头、文字，一律称南朝、北朝，有一度还提议以南朝、北朝代替国号使用。这且压下不提。

现在只说由于这次结盟，在辽、宋双方内部引起的一些变化。

宋朝从结盟以后，这里出现祥瑞，那里又降天书，一件接连一件。为什么刮起这一阵神仙风呢？就宋朝统治集团说，有内外双重意义。

首先，契丹人信天，一切归于天神之意；中原屡降天书，屡出祥瑞，就表明天相中原，天还保佑大宋。宋朝统治者想借神道影响北方，想借神道逐渐打消北方对于中原的觊觎。其次，屈辱求和，对内也不是很好交代的，神仙祥瑞，多少会起一些迷惑视听的作用。

收复幽燕，是北宋的国策，但眼前又没有力量摆脱忍辱含垢的现实，只能通过岁币维持南北友好。宋朝的重要政策方针，时时要想到北方，有的内政直接受辽朝影响，比如，宋朝打算在河北推行食盐官卖，几次都没有能够实现。最使他们顾虑的是河北食盐若涨价，辽的食盐走私就会更猖狂。

双方是和平相处了，但双方也都没有完全打消自己的戒备。相反地，还加强了各自的防范。宋在北方边境上曾悄悄地修了塘泺，栽植了榆树、柳树；辽在南京也设了特务机关。这些就谈到此处为止。

让我们再来说说辽在这一时期中采取的方针政策。

“澶渊之盟”的缔结，首先，是由于韩德

让、王继忠等人的怂恿、联系，直到参与决策等一系列活动而实现的。对辽来说，他们的功劳很大，所以韩德让、王继忠都被赐姓耶律，韩德让更隶属“横帐”，比于皇族。汉人在辽廷的地位大大提高，这是首先要看到的一方面。其次，结盟以后，辽兵再没有南进征战的任务，就有可能转向东北和北方发展，使祖国北方边境得到一定的开发。最后，结盟以后的相对安定，社会经济的进一步发展，尤其是双方使者来往，使辽统治者逐渐树立起学习唐朝、比美宋朝的风气，赶唐超宋成了他们前进的目标。

契丹人开始建国，在时间上就是上接唐代的。前面提到过，结盟以前，辽廷对于境内汉人的统治，就参用了唐朝的官制和唐朝的法律。结盟以后，统治阶级的各阶层，从宫廷到朝臣，学习李唐形成了一时的风尚。政府颁行了《五经传疏》，皇帝也学习《贞观政要》。读书人要读唐朝的历史，演唱逗趣人都要采用唐朝的题材。其实从根本上看，学唐比宋是一个问题的两面，为了比宋就要学唐，越学唐就越有本钱可以比宋。这也表明辽代社会本身的发展，正在朝着较高的阶段迈进。

这一方面有很多事例，读者可以在史书里看到，我们在这里也介绍两件实际的例子：

第一件，他们开始营建一个新的都城——中京（遗址位于今内蒙古自治区赤峰市宁城县），以便每年接受宋廷送来的礼物和岁币，可以不再在草原上来接待使者。这个新城的设计基本上是以长安和汴梁的规格为模式的，就连土木施工也是从燕蓟选拔的名匠。中京营建，当然有境内经济繁荣等因素，但是最直接的原因却是南北盟好的结果。过去，契丹皇帝春水（在冰上用钩捕鱼，捕得头鱼，设头鱼宴作乐歌舞；用海东青鹘捕天鹅，捕得头鹅，要祭祖先，举乐，赐从人酒，大家都把鹅毛插在头上以为乐等等活动）、秋山（打鹿，打虎、豹等活动）、冬夏捺钵（皇帝的行营、行在商议朝政的所在地）、处理政务和开会等活动，一切都在草原上举行；现在，他们开始把某些政务移进京城里办理。虽然这只是开始，也很少，但对一个以游牧为主的民族来说，却是个很大的变化。

中京加以前的上京（今内蒙古赤峰市林东县）、东京（今辽宁省辽阳市）、南京和以后升格的西京（今山西省大同市）合称五京，成为境内的五大行政区。也由于南北盟好和中京的营建，原来的三京特别是南京，显著地改变了它对内对外的地位和意义。

第二件，为了在出使、报聘、接伴（迎接来使）、送伴（陪送来使）等一系列活动中，避免鄙陋无文，他们需要一批知识分子，其他方面需要文化人才的机会也加多了。这些人才主要来自科举的选拔，因而扩大了科举的范围。结盟以前每年只放进士二人，至多四人，至此每年几十人，多则百余人。科举有乡、府、省三次考试，凡有不愿参加考试的秀才，朝廷责成州县负责遣送参加应考。辽圣宗时，起初考试词赋、法律两科，后来又增加明经、茂才异等，最后规定只考诗赋、经义两科。试期不定，经常是每年考试一次，有时也隔一两年才举行一次。也设过律学科。考试后，录取、授官等方法，基本上都按照唐代的制度执行。

科举取士主要是朝廷对汉人的一项政策。朝廷规定了接见进士以及颁赐等仪式，通过各种排演，使进士们显得高人一等。他们接受朝廷赐给的“恩荣”，成为朝廷的驯服工具，也是朝廷装点门面的摆设。以后朝廷又规定“治病的大夫们、占卜休咎的和屠贩们及不孝父母或犯事逃亡者，不得举进士”。用禁止一些人不得参加的办法，抬高那些能够参加者的身份。科举进士渐渐成了人们羡慕争取的目标，自愿参加考试的人越来越多，同时也出现了“捐科出身”的人。

辽廷扩大科举，一方面是学习唐朝，尊重中原传统；同时也是笼络汉人地主阶级，巩固自己的统治。按朝廷规定不准契丹人应考，辽廷希望契丹子孙骑马驰骋，手握武器，永远居于统治地位，文儒汉臣只能供他们驱策，为自己服务。但是，扩大科举的政策并不是不影响契丹人，兴宗时耶律庶箴因为让儿子去考科举，受处分“鞭之二百”。尽管受处分，科举还是吸引了契丹的年轻人。这个现象反映了很多的历史内容：首先是契丹人学习汉人，已经有了共同兴趣，所以汉人商贾希望自己的子弟应科举，契丹贵族也希望自己的孩子考进士；其次，政府要求契丹青年们尚武，社会影响却引导着他们尚文。这就叫“一代风尚”，这个风尚正是由学习唐朝比美宋朝才养成的。

学唐比宋的结果，使辽以北朝自居，使辽代在文化上有很大的发展。圣宗、兴宗、道宗到天祚帝几朝都在涿州云居寺（今北京市房山县石经山）接续着隋唐镌刻石经，数目有几千块，这些辽刻石经，不但能校正佛经手抄脱误，而且也是研究书法、石刻和经济史的珍贵史料。一九五四年以来，中国佛教协会等部门曾在这里发掘整理并拓印公布。另外，在木版雕印方面，“辽藏”和“宋藏”是北传《藏经》的两个古本。“辽藏”尤其是善本，也是在这一段南北和平时期雕成的。“辽藏”是高丽续雕《藏经》的底本，不仅内容比“宋藏”丰富、量多，而且是经过了精心校勘的。山西应县木塔下，从一九七四年以来陆续有辽代刻经出土，如《华严经》《妙法莲华经》《成唯识论》等凡若干轴，这是极其珍贵的善本佛经。

中原文化和某些封建意识，在契丹部落里流传，沟通了大辽境内的南北，也沟通了祖国的南朝和北朝。

二　兴宗和统治集团的派系斗争

辽兴宗（耶律宗真）在学唐比宋时期度过了他的青少年时代，公元一〇三一年接位。他不仅能诗善文，而且擅长绘画，俨然是一个中原的

“升平天子”。从某种意义上来看，也可说是南北盟好的结果。

兴宗皇帝陶醉于中原文化，引起了契丹部落上层分子中守旧派的不满，从而造成了统治集团内部的分裂。我们知道，此时距阿保机建国，已经一百多年了。由于社会经济的不断发展，这时的经济结构已有些变化，耕地陆续开垦，汉人能够偷安营生，部落的牧民，有的已丧失畜群。由于社会上的两极分化，契丹人中有了上层富有的人和广大的贫困牧户两个阶级。汉人中一部分附着于统治剥削阶级的人，有的已经挤进统治集团的上层；而一般被剥削的汉族农奴、手工艺人，却仍都被束缚在土地上，形成不能分割的依附关系。这样汉人渐渐成为契丹社会中的一个重要组成部分。

这里所说的契丹上层富有的人，也就是属于统治阶级的当权派，实际上就是高高在上、享有特权地位的皇族和各大首领。但是在特殊规定以外的政治、经济权力，却落入了汉人上层的手中，甚而享有特权地位的人，也用汉人出谋划策，或者做一些具体工作。因此，在契丹各首领中，一部分人的狭隘的民族保守观念，就不免时时涌起，这是长期融合过程中，急剧同化的必然结果，还因此刺激了契丹人内部的加速分化。在当时各种错综复杂的矛盾里，主要的矛盾当然是贫穷和富有两极的分化。统治集团内部的民族融合派和保守派的矛盾也很突出，不断激化的结果，终于发展为皇家内部的一场派系斗争。

在统治集团中，以兴宗为首的接受汉族文化的为一派；各部落首领倾向保守的为一派。他们的矛盾斗争在内外政策各方面都明显地表现出来。

兴宗时期的内外政策，一般沿袭了圣宗以来的轨道，若干统治方面的管理工作，越来越多地由汉人接替担任。比较保守的契丹首领们，对这种情况越看越觉得不顺眼，因而便发展成为斗争。派系的形成，有各种不同的因素，但是有一点很清楚，这些因素都和契丹传统习惯或学习中原文化相关联。可以说，辽代二百多年的历史，一直贯穿着契丹传统习惯和学习中原文化的问题，也就是南北结合的问题，到了辽代后期，这种矛盾的斗争越发表面化了。

兴宗初年，钦哀太后摄政，她和娘家的弟弟们商议，想把皇帝废掉，另立小儿子重元。兴宗知道了这个消息，先发制人把太后迁到庆州去守陵，三年以后她才回来。在这次政变中兴宗赢得了胜利，同时，也揭开了派系斗争的序幕。在兴宗本人的心目中，本来也没有排除重元候补皇帝的机会，相反地，他还承认过重元继承皇位的资格。

有一次，兴宗在酒宴上许过愿，说在自己“万岁”（死了）以后，把皇位传给重元，重元因此获得了“皇太弟”的头衔。这个“皇太弟”的典故在中原历史上，是从晋惠帝开始的，实际内容就是“兄终弟及”的意思。重元曾经担任过北南院枢密使事，根据契丹的惯例，这个职位就是皇帝接班人（候补大汗）的职位。他自己凭着这个候补大汗的资格，早已担任起准皇帝的角色。这使得一些攀附求进的投机分子，围绕在他的四周，形成了党羽。这个派系的形成，又使当朝皇帝不放心，从而不断发生摩擦，并且愈演愈烈。

公元一〇五四年（辽重熙二十三年、宋至和元年），宋朝吏部侍郎王拱辰出使到辽，兴宗和他的母亲接见时，竟当场暴露了母子双方明争暗斗的白热化。

钦哀太后在摄政的时候，打算另立重元没有成功。但是她仍然希望重元能接着兴宗做皇帝，应当看到，这不仅仅因为偏爱小儿子，还有政见的关系，不过钦哀太后当时没有明说自己的政见，只是争论了重元是否可以做皇帝。首先，她很巧妙地问王拱辰：“南朝太祖、太宗是什么关系？”王拱辰说：“是兄弟。”太后说：“真是好，何其义也。”兴宗在旁边听了，感觉不是味，急忙插嘴说：“太宗、真宗是什么关系？”王拱辰说：“是父子。”兴宗紧跟着一句：“真是好，何其礼也。”母子两人在使节面前的暗中争斗，都婉转地表达了各自的意见。他们用中原的礼义标准，为自己的想法找理由，希望获得中原的道义支持。但是这个接见使节的场面，毕竟不是争辩是非的场合。兴宗又特别安排了一个机会，撤出侍卫，单独接见王拱辰，直截了当地说：“我有一个顽弟，日后他接了皇位，恐怕南朝就不容易高枕无忧了。”兴宗的口气里掺杂了试探、威吓等成分，表明兴宗对这个问题的重视和关切。

兴宗和他母亲的这场争辩，反映了重元在朝中的地位和兴宗忐忑不安的心情。但是，兴宗又何必这样急急忙忙摊牌呢？台下的人盼改组，台上的人怕政变。这种情况，不能简单地看作是弟兄不和睦，也不能单纯地认作政府统治集团的不团结。我们还要看到那不和睦、不团结的幕后，隐藏着多少社会经济、文化以及意识形态的问题。

公元一〇五五年（重熙二十四年、宋至和二年），宋朝驻守在中山（今河北省定县）的地方大员宋祁，利用靠近辽的地理条件，通过探访调查，搜集了辽的政情资料向宋廷汇报。他说：

> 敌主（指兴宗）庸懦。皇太弟（兴宗的弟弟重元）又悍强好战，现在已经答应了皇太弟继承帝位，所以实际上皇太弟已统辖了全国的兵马。但是皇帝的儿子也已经长大封王，而且统辖了燕、蓟等地的汉人。皇太弟是偏向契丹人压迫汉人的，屡次请求进攻中原；皇子羡慕中原文化，希望和中原和好。敌主两面徘徊摇摆，拿不定主意。朝里的汉人，都拥护敌主和皇子；当权的部落首领们，都拥护皇太弟。

宋祁在介绍了基本情况之后，跟着就提出了自己的分析。他认为辽廷已经是“一体裂为二支，祸难正待时发作”。他推测局势的发展：如果敌主一旦病死，皇太弟即位，皇子能甘心低头来做臣子吗？就算能够服从，还能够没有疑忌吗？汉人大臣和契丹贵族，能够合手共事没有界限吗？他们内部不能安定，就会出现大规模的残杀，这样就会发生大乱了。宋祁的这个分析是很清楚的。在这个时期，辽统治集团里分成了针锋相对的两派：一派是兴宗、他的儿子耶律洪基和朝廷里的汉人大臣，他们习汉法、慕汉风，对宋朝的政策是愿意保持通和友好；经济上，他们代表新兴的封建势力、封建主的利益。一派是皇太弟重元和契丹各部落的首领们。他们比较不那样积极地欢迎汉化，偏向保守本俗，对北宋主张采取较为强硬的政策。他们代表的是属于旧的部落的残余势力或奴隶主利益。这两派的不同，不仅含有民族、经济、文化等重重关系，并且具有长期的历史渊源。这种情况，反映了朝中的派系，也反映了当时的社会风气。宋祁的这种推测是谨慎的，他估计了最坏的情况。实际上，兴宗在当年八月死去后，继位的仍是他的爱子（道宗洪基）而不是皇太弟。

道宗即位后，皇太弟重元做了皇太叔。身份好像是提高了一辈，但是不仅未能消除猜疑，而且这场斗争又继续发展了，最后还是以武装叛变结束的。事实很清楚，兴宗活着的时候，“皇太弟”这个头衔具有实际内容，就是“兄终弟及”；现在侄子做了皇帝，“皇太叔”便只是一个空名了。皇太叔尽管享受了许多优待条件，如皇太叔可以不按汉礼行跪拜，不称名，又赐金券，等等。这些就能使他们君臣相处没有猜疑吗？假若没猜疑，那“金券”就算是防范猜疑的。

“金券”没有能稳住皇太叔的心。相反地，叔侄关系反而向紧张方向发展了，猜疑、隔阂加深了，感情上也滋生了不愉快的成分，这些也牵连在宫闱眷属之间。

道宗宣懿皇后生皇子（濬），皇太叔的妃子进宫贺喜，皇后说话直率了一些，皇太妃恼羞成怒，回帐骂重元：“你是圣宗的儿子，怎么能容忍这个教坊奴以可敦（皇后）的身份凌辱我！”逼着要他搞政变。重元的儿子涅鲁古，争权不得志，满心怨恨不平；重元的党羽北院枢密使萧图古辞，因贪污恶劣被撤职；等等。这些大大小小的问题，皇太叔都感到难堪。

全国就只有一个皇帝。

从家庭琐事到军政大权，各种因素都刺激着

皇太叔。一团怒火形成的叛乱，终于在清宁九年（公元一〇六三年）七月爆发了。起事这一天，重元纠合了大小官员四百余人，诱胁弩手军（弓箭部队）等，向行宫发动袭击。但是，他们的政变没有成功。

上述派系斗争是由于政见不合，也就是保守和前进两个派系斗争的反映。它的具体内容是：保守派更多地代表了旧传统、旧势力，顽固地卫护着部落奴隶主的利益，处理民族问题也比较狭隘，偏重权力分散；与此相反，前进派较多地代表了要求汉化、要求学习中原，积极地卫护着封建主的利益，处理民族问题不那样狭隘，要求中央集权。

随着政治经济重心的南移，国家也朝着封建制发展。皇太叔重元却代表了与这一发展趋势相违的力量，他这一派未能也不可能挡住历史前进的车轮。

三　奴主和奴隶的生活

——契丹统治下各族人民生活和阶级关系

在契丹贵族统治下的各族人民，基本上按照

着他们世代居住或者邻接的地区聚居着。在辽境的南部，也就是燕云地区，主要是汉族人，早已经进入封建社会，过着男耕女织的生活；东部和东北，主要是女真族人，过着半耕半牧的农牧结合的生活；再往东北直到海上，是捕鱼射猎的吉里迷、乌底改等使犬、使鹿的部落生活的地方；北部和西北部是蒙古族的各个部落，包括和契丹人比较接近的乌古敌烈部；西部是沙陀、突厥、回鹘、吐谷浑、党项、吐蕃等各族。除燕云地区以外，其他各地主要都是过着游牧生活，其中有的也有些耕种。中部和中部偏北分布着奚、契丹、室韦等部落，以游牧为主，还有些粗放的耕种。这就是辽境内的民族分布情况，至于各族人民在城市里的居住情况，一般都聚族别居，各自结成自己的聚落。比如汉人聚集在汉城，回鹘人聚集在回鹘营、回纥城，等等。各族人民，表面上看来好像各行各事，没有什么来往，实际上彼此的经济、文化生活，是互相依靠，而且是日益密切的。

辽政府对于各族人民的统治，实行了农牧分治的办法。在以汉族为主的地区，沿袭了传统的封建剥削，头下州的二税户，基本上是分散经营的奴隶生产，直接参加劳动的男男女女，一般都有自己所属的主人。他们对主人的人身依附，形成了主奴关系。在这种主奴关系里，开始孕有一点封建剥削的因素，属于由奴隶制向农奴制发展的过渡阶段。在边境比较后进的地区，仍然过着部落生活。契丹人虽然在法律上受到优待和照顾，但是并没有减轻他们的负担。阶级压迫和剥削，带给契丹劳动人民的痛苦，完全和其他各族劳动人民同样残酷和沉重。澶渊结盟以后，南北得到相对的和平，但是辽廷对于西北方面的军事行动断断续续，一直没有较长时期的停止。由于战场上的需要，边地人民的负担不断地加重，为了充实边疆，抽调内地的富户服役，富户因徭役而转为贫困，构成连锁反应的灾难。

契丹本区的宫分户、头下户属于分散经营的奴隶生产，燕云地区汉户所受的剥削也相当严重，渤海地区驱户较多。各地区人民的负担有多有少，剥削方法也不完全相同。

现在一般地来谈一谈辽代的主要赋役和负担。

首先是租税：这是辽政府收入的重要部分。按照中原的封建剥削传统，官田输租、私田输税，采用两税法。正税之外，还有名目繁多的各种附加税。这种剥削方式，主要在汉区采用，其他地区也有，但不是主要的。

其次是兵役：这是各族人民的普遍负担。但是从军主要是契丹人和部落牧民的权利，所以，契丹男子年十五岁以上、五十五岁以下的都有军籍。正军一名，马三匹，家丁二人，分管打草谷、守营铺。武器、马具都要自备。汉族地区各州县有乡兵。

再次是差役：这也是各族人民的普遍负担。在辽代后期，驿递、牛马、旗鼓等繁多的项目，压得人民喘不过气来。边境地区的各个部族，每年照例要贡献土特产，叫作“常贡”。实际上官府的额外征敛，更沉重得多，而且各个部落里，官吏的俸给全部要部民来负担。公元九九八年（辽统和十六年）改由国库支付。事实上人民的负担，并不这样就完了，凡是遇到临时需要，或者特殊用途，一般地采取摊派方式，按物力分户为三等，随用随征。至于官吏敲诈勒索的花样，要比这些更残苛、更繁重得多。有的把牛、羊、驼、马分配给人民放牧，随时派人查看牲畜肥瘦，诈索钱财。更可恨的是那些特务走狗们，往往任意给人加一个罪名，人们也不敢不“敬奉”

钱物，以求免祸。

另外，高利贷剥削在当时社会生活中也十分残酷和普遍。放债的人都是统治阶级的特权分子，有贵族、官吏，也有寺院，他们出贷谷物或者现金，贫困的人借了钱物，年利、月利重到“十倍其息”，甚至卖孩子、破产也还不起。

被剥削的受苦人，实在苦得活不下去了，只有逃亡，要不就去当和尚，或者投入大户人家做牛做马当奴隶。

当时社会上各阶级、各阶层的等级，除了契丹贵族和各族的上层统治剥削者以外，还有宫分户、头下户、部曲、奴隶、平民，等等。

（一）宫分户：也叫斡鲁朵户，他们的身份是奴隶。宫分户有三个来源：第一种本来是契丹族或其他部族的平民，投附到皇家来从军，为保卫皇帝和皇帝的政权效劳，实际上是皇帝身边的军户，所以名义上虽然是奴隶，地位却并不低；第二种是犯了罪罚做官奴官婢的贵族，因为犯罪降低了身份，一般从事宫帐的杂役；第三种是军事俘虏，包括少数投降的汉人，大部分在皇庄里从事各种劳动生产。

（二）头下户：头下户是由头下主来管领的

奴隶，居住在头下州城里。他们主要的来源有战场的俘虏、从嫁的户口和赏赐的宫户。

（三）部曲：部曲包括属于奴隶主的奴隶和属于地主或牧主的农奴或牧奴。和头下户一样，都有对本主和政府的各种形式、不同程度的双重依附关系。

（四）奴隶：奴隶是社会上地位最低的一层，属于奴隶主所有。辽代的奴隶主对于奴隶，一般说是不能随意杀害的，但是可以赠送和买卖，他们同货物一样，是主人财产的一部分。奴隶既然是财产，自然也没有人肯随便杀掉，并不是出于什么奴隶主的“慈悲”。法律上，奴隶没有独立的身份，没有自主的人格，他们的一切都附属于主人。

（五）平民：平民包括了部族的牧民和燕云地区的老百姓，以及其他地区和政府有直接隶属关系的人。在法律上，他们有独立的身份，不属于某一个人的财富。事实上，他们的生活也很苦，几乎和奴隶没有什么两样；比起斡鲁朵的军户来，显然又远远不如。但是，他们的名义是平民，是直接受政府管理的户口。

马克思说过：“黑人是黑人，只有在一定的

社会关系下他才成为奴隶。”那么，在契丹社会里的阶级关系，实际上可以分作三类。

在契丹贵族统治下的各族人民，因为地区不同，生活和负担也不一样，阶级关系也不是完全一样的。燕云地区是地主和农民的对立；草原上包括头下州，大体仍旧是奴隶主和奴隶的对立；除与宋朝接壤的地区以外，其他边远地区还一直处在较低的部落管理状态。不过，后两类受着整个社会发展的影响，或多或少地也有一些前一类的因素，或者说，有向前一类过渡的趋势。在辽建国初期，为了便于对中原流人俘户的管理，设置过汉儿司，逐步发展成为南面官和草原传统的北面官，形成双轨官制。同样，由于对流人俘户使用汉律（即唐律），也和部落里使用的习惯法是两套。政府有两个枢密院，也可以说是两个政府。他们曾经想把两个枢密院合并，但是没有成功；又几次想把法律统一起来，也失败了。这就说明了辽代二百多年的统治，始终只是一个军事政治联合体；社会经济属于比较复杂的多种结构，没有形成全境统一的经济基础，也没有完全建成一个全国一致的管理体系。

第四章　各族人民起义和辽亡以后的契丹人

一　苦难人民的共同命运

——各族人民大起义

在契丹贵族政权的残酷统治下，各族劳动人民，包括契丹人民在内，一直是契丹贵族（包括他们的支柱势力）压迫剥削的对象。但各族人民不是甘心忍受这种压迫的，他们经常起来反抗，争取解除或减轻强加在他们头上的压迫和剥削，并且常常是以得到胜利来结束这种斗争的。

契丹统治者征服了渤海，仍然要从渤海原来的统治阶级里选择官吏，参加自己的统治；打败了后晋，不仅把后晋全部官员都包下来，还特别拨了五十多顷好地，安顿后晋的太后、废帝和家族等人，称为石家寨。

真正生产物质财富的是劳动人民，真正受苦受压迫的也是劳动人民。在阶级压迫、民族压迫的情况下，“在民族斗争中，阶级斗争是以民族斗争的形式出现的，这种形式表现了两者的一致性”（《毛泽东选集》第二卷第五二七页，人民出版社，1952）。辽代各族劳动人民进行的阶级斗争，也正是同民族斗争交织在一起的，有的直接打着反对民族压迫的旗帜，也有的是各族劳动人民联合起义，共同反对契丹贵族政权。

辽代中期以前，汉人、渤海人屡次掀起的反抗压迫的人民起义的斗争，早已打击过契丹统治者的气焰。中期以后，西北方面的几次武装反抗，又大大牵制了契丹统治者南侵的力量。

公元一〇二九年（辽太平九年），渤海人由于加税和虐待船工发动起义。东京舍利军详稳（军事首领）渤海人大延琳，参加了这次起义，并取得领导地位。起义队伍杀掉了东京税务长官户部使韩绍勋、副使王嘉和军政长官四捷军都指挥使萧颇得，囚禁了东京留守、驸马都尉萧孝先和南阳公主，并且宣布建立政权，定出国号叫“兴辽”，建立年号为“天庆”。

这一次规模巨大的起义，是在叛徒告密的情况下失败的。大延琳的军事计划，被他自己派往黄龙府（今吉林农安）保州（在今鸭绿江东岸）

的使者和副留守王道平报告给辽政府，因此，辽政府能够事先做好准备，先下手镇压。当时辽军详稳萧匹敌，抢先占领了大延琳前进道路上的重要军事据点，截断了大延琳西进的通道。保州统帅耶律蒲古，又击败了渤海兵八百多人，截断了大延琳东进的道路。大延琳不得不分兵攻打沈州（今辽宁省沈阳市），但一直没有进展。结果辽军继续集结，并且采用碉堡围攻战术，切断了一切对外通道。第二年八月，大延琳部下杨详世开门投降，大延琳被俘。

这次反抗虽然失败了，但是他们坚持抗击长达一年之久，在当地人民心目中，产生了相当深刻的影响。

契丹统治者的奢侈生活，加重了各族劳动人民的负担。他们对女真地区的各项征索，不但要沿海江河里出产的珍珠，也要五国部和海岛地区山里的海东青鹘（鸟名，雕的一种，是珍贵的狩猎工具），政府甚至派了障鹰官在当地坐催，把女真人民骚扰得十分害怕。对女真各部的金、帛、布、蜜蜡、药材等，更是无止境地搜刮。辽代晚期，每年春天皇帝都到宁江州（今吉林省扶余县东南东石头城子）打猎，照例要当地人民献土产，早一段还说是“打博”（即贸易，以有易无）交换，以后就变成了直接的强取豪夺。

这时，女真各部在首领完颜阿骨打的领导下，掀起了对辽政府的武装反抗斗争。公元一一一四年七月，他们首先收捕了障鹰官，并一举攻入宁江州。辽政府急急忙忙派兵前来镇压，结果是一次又一次的失败。第二年二月，完颜阿骨打又取得了达鲁古战役的胜利。他接受了辽东铁州（今辽宁省鞍山市）人杨朴的建议，自称皇帝，公元一一一五年建国，国号大金。公元一一一八年八月，派遣使者向辽政府请求封册。

辽政府没有能力消灭这个新起的反抗势力，只好同意对金册封，以为可以乘此机会，求得一个喘息的和平。不过后来的事实证明，辽政府没有得到任何苟安的机会，相反地，女真人在称帝建国以后，一步一步扩大了自己的势力，吞灭了各地的起义军，最后还推翻了辽政权，正式接替了辽政权原来的势力。

从女真人举起抗辽的大旗后，反辽的势力风起云涌，饶州渤海遗民古欲起义等反抗活动不断爆发。辽天庆年间（公元一一一一年至公元一一二〇年），东京渤海人高永昌联合汉人杀死留守萧保先，在东京称帝，占领了辽东五十多个州的地盘；汉人侯槩在中京也聚众万人，攻下了高州（今宁城县西北）；张撒八也策动了中京射粮军起义。当完颜阿骨打打败高永昌转兵攻辽的时候，汉人侯槩等正向辽军展开燎原的攻势，一时千百成群，立起了云队、海队种种名号。辽军四面受敌，应接不暇。

为了镇压各族人民的起义，辽政府不得不加紧征调兵马。这样又进一步激起了一些地区的反抗斗争。在燕云地区掀起的一次大规模的起义，就是因为征发兵马逼出来的。易州涞水（今河北省涞水县）人董才的一万多起义群众，转战云、应、武、朔、奉圣、易州一带，成了一支反抗辽政府的强大队伍。董才接受过北宋的封号，被赐姓名赵翊，还自称“扶宋破虏大将军”，最后却依附了金朝。

完颜阿骨打毕竟是这些起义队伍里最强大的一支，他举起的反抗辽廷压迫的大旗，不但得到了女真全族的拥护和支持，而且在打击辽军的战斗过程中，也取得了各族人民抗辽斗争的配合。他在军事上节节胜利，直到称帝建国以后又消灭了另一支渤海的起义军（高永昌），使他成了这一大片江山的主宰者。自己当了皇帝，就不像领兵反抗辽朝皇帝的时候那样了，也讲点排场，也涌现出一批新贵族，同各族人民的关系也就逐渐疏远了。

二　宋金联盟

——宋、金、辽统治阶级的利害关系

女真抗辽的胜利，大大鼓舞了辽统治地区的汉人，也震动了中原北宋王朝的君臣。

有一个燕京人马植，原是世家大族子弟，地主阶级出身，做过辽朝的光禄卿，他看到女真人的力量越来越大，估计辽必定要垮台了。于是改名换姓叫李良嗣，通过北宋的童贯上书宋政府，叙说辽政府怎样腐败，金兵已经迫近燕京的情况，鼓动北宋乘机收复燕云地区。宋徽宗立刻召见他，并且赐给他国姓，改称赵良嗣，还给加上了朝议大夫、秘阁待诏的官衔。当时北宋是蔡京当政，童贯是主张出兵的，他们都认为马植说得有道理，都认为这是联络金兵、共同灭辽的大好时机，不可错过。于是在公元一一一八年（宋政和八年、辽天庆八年、金天辅二年）派出专使，

从山东登州航海到东北去和女真接头，声称要恢复从前的买马联系。

公元一一二〇年（**宋宣和二年、辽天庆十年、金天辅四年**）又特派赵良嗣以“中奉大夫右文殿修撰”的头衔，和忠训郎王瑰一同出使金朝，正式面约灭辽的计划，从南北两方面夹攻，宋军攻占燕云汉地，金军攻占辽中京。约定灭辽以后，燕云地区归宋，宋另以送契丹的岁币转送给金朝。

这是一次不平等盟约，而且从结盟开始就带来了宋、金争论。原来属于中原的平、滦、营三州，早在后唐时期就被阿保机攻占了，并不在后晋的割地之内。北宋政府不明了地理历史，竟主张平、滦二州本属燕京，要一起归还。金方坚持平、滦二州是另外一路，不在十六州之数。实际上金人从黄龙府到东京取了上京、中京，又追击天祚皇帝取了西京。北宋军队不但没有能够按照原约取得西京，就是在燕京方面所做的试探性进军，也被辽兵打得一败涂地。不过，从辽方来说，耶律淳的兵马虽然能打败腐朽的宋军，但却不能挽救大辽的命运。

宋金联盟的建立，由于双方力量悬殊，应该

说本身就不是一个巩固的联盟。在对辽战斗中，宋军在战场上得不到的东西，势必被优势的金军所得，环绕着燕京归谁的争执，让我们介绍两个与此有关的人物。

女真刚刚兴起的时候，辽政府一再派兵镇压，也一再被女真打败，很多辽军士兵死在战场上。辽募集了战死士兵的子弟，组成一支新军，叫他们替父兄报仇，讨还血债，称为“怨军”。渤海铁州人郭药师就是怨军的一个小头目。他为人沉勇果敢，少壮善战，在群众中有一定威信。这支新军，仅仅是临时杂凑的乌合之众，实际上并没有对女真作战的能力。女真兵来了，他们趁机在地方上捣乱；女真兵退了，他们也不安分爱民，反而成了辽政府的隐患。当天祚皇帝筹划除掉这股隐患的时候，郭药师等抢先杀掉了怨军首领，投靠到都统萧干部下，郭药师被提拔为金吾卫大将军，当了怨军总首领，驻守在涿州，麾下共有二千人。后来，他扩充力量，逮捕了涿州刺史萧余庆，率领精兵八千，铁骑五百，以一州四县投向了宋朝。统辖的人马一跃增到二万人，最后又扩大到五万人，这些人都是降宋的燕京人。

公元一一二二年（北宋宣和四年、辽保大二

年、金天辅六年）十月，宋河北河东宣抚使童贯采用郭药师的建议，向燕京进兵，不料却被辽军打败。于是西进获胜的金军就回过头来又攻打燕京，一直进入居庸关。辽萧太后、耶律大石、萧干等仓皇逃走。金军占领了燕京。同时，宋、金开始了接管燕京的交涉。

这时，平州辽兴军节度使张觉，在州里被推为知州。他练兵养马，征集壮丁，准备乘机发展自己的势力。金兵进入燕京后，曾向辽的降臣参知政事康公弼打听平州的情况。康公弼回答："先利用张觉来安定一下秩序，然后再设法除掉他还不算晚。"金人采纳了这个意见，加官张觉做临海军节度使，仍旧管理平州。接着把平州改为南京，又加封张觉为试中书门下平章事、判留守事。由于金人笼络张觉，平、营、滦归属于金。这样，辽的宜、锦、乾、显、成、川、豪、懿等州和兴中府，便陷入了金兵的包围圈，在军事压力下，都相继向金投降。于是，金人管辖地区就连成了一整片。他们在和宋的交涉中也做了让步，答应把燕京还给宋朝。即由平州向东属金朝，燕京向南属宋朝，双方以平州、燕京分界。金兵临走时，强迫燕京的全体人民跟着部队东迁到关外，辽的降臣左企弓、康公弼、曹勇义、虞仲文等人，也一同被带走，实际上留给宋朝的是一座空城。被迫东迁的人们不愿意背井离乡，不愿意离开世代居住的家园，但又不敢不走。一路上风餐露宿，吃了不少苦头，到达平州后，这些颠沛流离的难民们，把希望寄托在平州的实权人物张觉身上，推出代表来向张觉请愿。他们说："宰相左企弓没有尽责筹划燕京的防守，使得我们男女老少流离失所。您是大辽的忠臣，把守重镇，掌握着强大的兵力，一定能够使我们重返家园。现在我们燕民的希望全寄托在您身上，请为百姓作主。"

当时，张觉听到这样的话，一时拿不定主意，便召集部下将领来开会，共同在一起商议。大家都认为："听说天祚帝已经重新整顿了兵马，出没在沙漠以南，如果您能够顺应这种形势，发兵迎接天祚帝，再图中兴，可以先处左企弓等人的叛降之罪，杀掉他们，再使燕京人民回家复业。然后把平州献给宋朝，这样平州就成为一方藩镇了。即使以后金人再进兵相犯，内有平州人马，外有宋朝后援，还怕什么？"张觉说："这是一件大事情，不能草草决定。"他又请出翰林学士李石来商量，李石也是这样看，这才最后定下来。

当时在滦河西岸布置了一个庄严的公审会场，宣布辽宰相左企弓、曹勇义，枢密使虞仲文，参知政事康公弼等十大罪状，当场处决。张觉重新恢复辽保大三年的年号，挂起天祚帝的画像，出榜告示燕京难民，一齐回乡复业。群众均额手称庆，皆大欢喜。紧接着，进行了第二步工作，张觉派李石改名为李安弼，同前三司使高党一起到燕京投诚，通过宋朝将领王安中求见大宋皇帝。宋朝接受了张觉的归附，命令王安中厚加安抚，免平州赋税三年。

金人听说平州归附了宋朝，立刻派出骑兵二千来追问，当时被张觉打了回去。宋朝把平州改为泰宁军，任命张觉做节度使，李安弼、高党等都授官徽猷阁待制，又拿出银绢数万犒赏将士。不料正在张觉远出迎接赏赐的时候，金兵以闪电式的突袭连续攻下三州。张觉仓皇投奔燕京。金人并不甘休，一定要宋朝把张觉交出来。宋朝杀了一个面貌和张觉相似的人，想敷衍过去。金人不答应，表示要出兵来自取，腐朽无能的北宋政府竟杀了张觉，把他的头颅送给金人。

这样一来，大大影响了宋朝部队里其他降军的情绪。郭药师就扬言说："如果金人要我郭某的头，政府也会乖乖地送去。"宋朝军心发生动摇。同时，收留张觉和安置燕民这两件事，也成了金人背盟废约的口实。

他们说：背盟废约，责任在宋朝。

三　契丹遗人的散落和集结

——辽亡以后的契丹人

辽是契丹人建立的国家，充当官吏、戍卒的契丹人，分散在全境各区；契丹部落的牧民们主要是在中部和北部草原，从长城到海勒水（今海拉尔河）以北一带过着游牧生活。也有一些渔猎和粗放耕种的辅助经济。

契丹统治集团和本族的人民群众，虽然具有同样的历史传统，使用着同样语言，但是，由于政府重心逐步地向南移，政府的财政来源却更多地依靠农业区。特别在辽代的晚期，作为国家的最高统治者，早已不仅仅是一个最大的奴隶主，同时也是一个封建帝王了。契丹统治集团的生活、思想和文化，已经进一步接近封建社会；他们和本族人民群众的联系也由于阶级的分化，存在着明显的距离。

天祚帝（耶律延禧）退入夹山的时候，以天锡帝（耶律淳）为首的契丹统治集团，在汉族地主阶级的支持下，在燕京成立了新政府。这是个苟延残喘的政权。它不得不分别向宋、金两方面求和，希望能敷衍几年。事实的发展证明，越是祈求幸存，越是不能得到预想的结果，最后耶律淳含恨郁郁而死。他的左右手回离保（汉名萧干）和耶律大石，在女真军队进入居庸关之后，仓促转移，但是因为政见不同产生分裂。

回离保带人退到越里部成立了新的小朝廷，不久，他就被部下所杀，这一批人就依附了女真统治者；耶律大石投奔到夹山，在那里，也没能和天祚皇帝的左右萧乙薛等团结好，不久又离开了天祚帝，率领人马西去，建立了西辽政权。

公元一一二一年（辽保大元年），天祚帝为金兵俘去，一部分大臣推戴他的儿子耶律雅里做皇帝，向北逃亡到沙岭。契丹人在这里只一度集结。雅里三十岁就死了，兴宗的曾孙术烈继位，不到一个月就被乱兵杀死。至此，除了西方的耶律大石以外，耶律氏已经没有任何统治的据点了。

辽亡以后的契丹人，包括统治集团内外的各部落，根据他们自身的条件和居住分布地区，大体有三种情况：第一种情况是投降了女真的，包括燕云地区的契丹人和草原上的契丹部落。他们有一些人是在交战期间投降的，绝大多数却是由于形势变化太快，来不及走脱或者干脆不愿意走的人，留下来成了金的顺民。辽的一大部分官吏都走了这条道路。比如契丹统治集团中的耶律余睹，早就因内讧投降了金，还先后参加过对辽、宋的战役，后来又想秘密联合燕云地区的契丹人共同起事，被金人发觉后逃入西夏，转投鞑靼，最后还是被俘身死。这件事被金人利用来作借口追查余睹的党羽，发动了一次大规模的搜捕、清查，引起了契丹人很大的骚动，“河东八馆、五百户山金司、乙室王府、南北王府、四都族衙、诸契丹相温、酋首率众蜂起”，有的逃入西夏，有的往北奔入沙漠。留在燕云地区的契丹人，经过这次事变，绝大多数也沦于走死逃亡的命运。投奔到西北地区的契丹人，后来多融合到蒙古族。现在青海还有契丹遗迹可寻，这也证明了契丹人可能到过这里，或者有些契丹人曾留在这里，自然，他们也早已融合在当地人中间了。

至于那些没有能够远逃而又躲过女真屠杀毒手的契丹人，多数散居在民间，融合在汉族中间了。现在河北宝坻县有个耶律各庄，至今村人多刘姓，原来，耶律的汉姓就翻译为刘，这个村当时主要的住户显然是契丹人，所以才取了这个名称。

依附了金的契丹部族，由临潢以北，一律按照原来的分布地区和组织形式维持了下来，金朝还要他们在这一地带来防御蒙古的侵袭。

在后来的金、宋战役中，有些人参加了南征，投降了北宋或向南迁徙屯田的，都和汉族人杂居一起渐渐融合于汉族了。

大多数原在草原放牧的契丹部落，没有像其他地区的契丹人一样驯服，他们先后在撒八、移窝斡的旗帜下，掀起过强大的武装反金斗争。公元一一九〇年（金明昌元年），胡匹纠又在北京、临潢间起义，以后断断续续的起义，也没有停止过。

当蒙古成吉思汗起兵的时候，金政府很担心契丹人，曾下过命令，一户契丹人要夹居于两户女真人之间，企图用这种严密的统治来防范监视。但是，这却更加激起了契丹人的斗争反抗活动，又掀起了以耶律留哥为首的武装起义。这一部分契丹人后来依附了蒙古。他们在辗转战斗中，少数人散在高丽，在当地定居耕种，称为契丹场，他们已经融合在今天的朝鲜族中。大多数契丹人回到临潢，在成吉思汗的统治下，融合为蒙古的一部分，他们随着元代的灭亡，跟着撤到了更远的北方。

在金朝军队中的一批契丹军人，在金政府从北京迁移开封的途中，乘机脱离了金朝，也参加到蒙古方面去了。

第二种情况是向西投奔西辽的，他们追随了西迁的大石，再也没有能够回到故乡来。这一部分契丹人在西辽灭亡以后，可能已经融合在维吾尔族、哈萨克族中。另外，也有极少数人保持着契丹、哈剌契丹的名称，但是在长期人数悬殊的环境和情况下，他们和本地人也没有什么差别了。

第三种情况是向北迁徙，后来依附于蒙古的。起初在库烈儿父子祖孙的周围，招徕集结，越聚越多。他们的据点在根河北岸的山地，一直到现在还叫库烈儿温都儿，意思就是库烈儿山。这里我们应当提一句：远在辽代初年就迁徙过一部分契丹人到乌古地区，参加在当地的耕植放牧，辽北境部族和契丹人在经济生活上，一般说是没有很大差别的。成吉思汗时期，他们投附到蒙古军队里，组成一支契丹军参加了蒙古的南征。他们曾经担任过进攻东京、燕京的先锋，为元的开创基业立过汗马功劳。

这一支契丹人，一部分参加了南征，和蒙古兵一道，攻城略地。胜利的形势，吸引着他们节节前进；镇守的任务，又把他们留在攻占了的地方。现在云南龙陵有一部分姓蒋的人家，在他们世代保存下来的家谱里，清清楚楚地记载着，他们的祖先是契丹人，是以元朝军人的身份，留在那里镇守的。另一部分没有参加南征的留哥部落在元代末年向北撤退，他们和当地没有远徙的乌古敌烈部结合。到明末清初，他们又以达斡尔（打虎儿、达呼尔）的名称出现在清代的历史里，从雅克萨、尼布楚达呼里亚以西，东到精奇里江（俄语“结雅河”），都是他们活动的范围。沙俄东侵的先头探哨，他们有的记录了当时当地达斡尔人的生活。国际列车经过的赤塔，就是“契丹”的译音。

契丹和达斡尔的关联，近几年我们发现的证据更多了，这里没有篇幅做详细介绍。

辽灭亡以后，契丹人已经融合在汉族人、蒙古族人以及其他兄弟民族中，他们有的保存了契丹的名称，但是没有能够保存他们古老的传统。现在知道的直接承袭契丹传统最多的是达斡尔族人。不过契丹人在语言习惯、文化传统，以及经济生活和政治制度各方面，都和蒙古族是一致的。当然大同也存在小异。历史文献证明，他们是同一民族的不同部分，所以契丹人融入蒙古族比较多也比较早，这是很自然的。当然更多的契丹人还是融合在汉族中了。

第五章　辽代的文化

一　生活、生产中的理、工、农

——辽代的科学技术

辽代的文化，在许多方面都有突出的成就，二百多年里，通过汉人、契丹人、渤海人生产和生活的实践，在契丹文化的基础上吸收、融合了中原文化成果，在科学技术方面有了进一步的发展。

“科学的产生和发展一开始就是由生产决定的。”契丹人民在生产和生活实践中，最早接触到的应用科学是物候、历法、天文之类。契丹开国以后，在自己境内，就流行过一种叫《历日通谱》的历书，这种历书据书名判断是用汉文写的，至于详细内容，没有说明。但草原上使用的历法，可能是在草原上已经使用很久的，即用五行和十二属相相配的办法，如木猴年、土猪年之类，就像现在的《藏历》那样，它自成体系，和燕云地区汉族使用的天干地支相配的历法同时流通。太宗德光破后晋的都城汴京，带走了中原的技术历象。贾俊制作的《大明历》，其中推算节气、闰年、朔望等方法，就是继承中原历法又加以订正的。

河北宣化辽墓的彩绘星图（**在墓室后室穹窿顶的正中央**）中心悬铜镜一面，镜周画莲花，莲花以外在灰白地上，另涂淡蓝色表示晴空。在莲花东北绘北斗七星，四周绘五红、四蓝星。东为太阳，内画金乌。余红蓝各四星，大体按东西南北和偏斜方向分布。中间一层绘二十八宿，四方各七宿，东苍龙，西白虎，南朱雀，北玄武。最外层分布黄道十二宫图。三十度一宫，十二宫三百六十度为一年，每宫各以图形表现。这是当时对于中原天文学的继承。天文历法都需要运算，离不开数学。阿拉伯的古算书中有所谓“契丹算法”。这个算法，很快传入欧洲，十一世纪初期，意大利人斐波拿契所写的书里，就有了“契丹算法”。这种算法，曾被应用到各种算题中，由于它在运算时要进行两次假设，欧洲也称它为“双设法”。实即方程解法中的“直线插入法”，也就是中原古老算书《九章算术》中的

“盈不足”。

金代在数学上的成就很大，不能说没有前朝的基础。

力学方面，主要反映在建筑工程上，这从寺庙建筑中反映出来的最突出。像目前还完好存在的辽宁义县奉国寺，就是公元一〇二〇年（辽开泰九年）正月创建的，已经有九百多年（本书定稿于1979年——编者注）的历史；山西应县佛宫寺的木塔是公元一〇五六年（辽清宁二年）创建的，在中国历史博物馆里，可以看到这个木塔的模型；河北蓟县独乐寺的观音阁和山门，是公元九八四年（辽统和二年）重建的，都有巨大的出檐，观音阁下层的出檐有三点二八米，相当于高度的一半，但是特出的斗拱等结构设计，大大减轻了出檐的压力，非常符合力学、物理学的要求。梁思成曾经对观音阁的五架梁做过静荷载、活荷载以及挠曲、剪切等应力的计算，发现该阁梁架结构用材非常得当，他说“宛如曾经精密计算而造者”。由于结构用材适当，所以经得起暴风和几次较大的地震，一直没有损坏。

化学方面，辽代的工匠在冶炼中加入了兽骨，利用骨磷来加快熔解。他们能造酒，能生产带釉陶器、三色彩陶和瓷器，辽三彩比唐三彩还独具特点。他们也能鞣制皮革，这都表明了生产、生活里，辽代劳动人民有着丰富的应用化学知识。

地理学、动植物学都是生活上接触较多的部分，所以也很发达。

辽代的地理学，是从积累了很多地理材料，继承唐代一部分地志、图志，接受了渤海、燕云地区的图籍开始的。燕、蓟地区的汉族知识分子又把地理学推进了一步。在政府的鼓励下，辽代的地理学通过实践掌握了：（1）境内州县区划，城寨的方位里程；（2）境内及属部的民族分布、风俗、物产；（3）境外主要国家部族的分布及其交通道路；等等。辽政府曾经从外兴安岭以北向西伯利亚派遣过民族、地理的勘查队，对于居民物产做了全面调查（当然我们不能用今天的调查报告的标准来要求），从而加深了关于那一区域认识的深度和广度。根据各项实际材料的整理研究，做成了不少地志、图志等，有表现里数的地图，可惜保存下来的并不多，但也不失为科学研究的一项参考资料。

物候学对渔猎、牧畜、农业等生产都很重

要，也是和植物学、动物学直接相连的。契丹人通过长期的实践经验和反复研究，不仅掌握了动、植物的各种生命现象和周围环境的相互联系，而且凭借这些知识，辨认自然季节变化的规律，了解并适应这种规律，进行渔猎、放牧或耕植。比如他们能辨认某种植物的花、茎、果实或块根是否有毒，能不能供人畜食用；他们也熟悉各种野兽的习性、交配繁殖季节，利用各种可能条件，接近它们，进行捕猎。

在当时没有现代科学技术知识和设备的条件下，能获得这样的成就，就当时水平来说，也算是有一定贡献的。

说到土木建筑技术方面，现在仍然可以看到一些辽代建筑实物，其他如墓室的建造，有七室、九室的规模，室和室之间彼此能相通，甬道壁画，俨然唐朝规模。造船技术，当然是汉人、渤海人做得多些。兴宗时所造的战舰，上置兵，下立马，又大又结实；海上货船，能载三万五千多只活羊和在海上所用的饲料，通向祖国南方；也有通过海道从辽东到燕京的运粮船。造车制鞍，更是很出色。尤其是鞍辔的制造，有的以金银装饰，当时号称“天下第一”。

辽初就向后梁进献过朝霞锦、云霞锦等精致的丝织品，因为被俘或流徙到草原的中原人，他们也带去了中原的纺织技术。辽宁法库叶茂台辽墓出土的纺织品，经初步鉴定，有绢、纱、罗、绮、锦和绒圈织物及缂丝等共七类九十余个品种规格，其中个别织品原料丝为三粒至五粒蚕茧缫制，每平方厘米五十乘五十根，换算成平方米绸重，只有四点五克至五点六克。这表明当时的纺织技术水平，已经很可观。

公元一〇八三年（辽大康九年、宋元丰六年）辽郑颛到宋朝贺正旦，由馆伴使苏颂接待。宋朝特意告诉郑颛说："苏颂作了一部《华戎鲁卫信录》，受到朝廷奖励。"宋神宗特别又通过苏颂送给郑颛上龙茶琉璃器，郑颛就拿出异锦一端来回礼，苏颂把织锦呈给了宋神宗，神宗看了说："这样织锦宫中（大宋内廷）所无也。"这也表明辽纺织技术的水平。

辽代雕版印刷技术更达到了较高程度。在燕京雕版印刷的《大藏经》，有纸薄、字密、卷帙轻简的精制本；也有一般流通的普及本。精制本印刷时，用糯米胶调新罗墨，印成品比写本更黑更饱满，这是使用油墨以前一项成功的技术创造。至于在燕京雕刻的云居寺石经，数量和质量都是第一流的。

辽代农业方面的垄作，使作物可以从上面旁面吸收阳光，也比平播保持水分多，在今天农业科学上还认为是值得研究推广的技术。宋朝使臣看见辽境田间的垄作，说那是怕“风沙所壅”。其实是便于田间管理。一九七〇年我们在河南息县一带，还看到不少漫撒种的高粱地，很不便于中耕锄草。辽代劳动人民早就从回鹘地区引入了西瓜，在当地加以培育，用“牛粪覆棚而种”来战胜天气变化，很久以后中原才开始种植西瓜；他们还把中原六月成熟的菜瓜移植到北方，培育成九月成熟的新品种。

今天看来，虽然这些成就都比较平常，但是从辽代来说，在当年可以认为是了不起的成就了。

二　观察诊断和汤剂丸散

——辽代的医药

辽代的医药是很出色的。阿保机的族弟迭里特，就是一个知名的医生。有一次，阿保机患心痛，他诊断说膏肓里有像弹丸大的淤血，用针治以后，果然吐出了淤血，得到痊愈。吐谷浑人直鲁古也是一个出色的医生。他是在婴儿时候被掳来的，由述律后收养长大，当了针灸医生，太宗时期任太医。他写过《脉诀》和《针灸书》，直到明代还有留传。其中有些针法，仍然保存在今天的临床实践中。

圣宗时，五院部人耶律敌鲁，也因医术高明而出名。他“察形色即知病源”，因为医道出色，疗效很高，辽政府给了他“世预太医选”的特权，就是规定他的子孙世代都能选当太医。汉人韩匡嗣、德崇父子俩，也是深通医术的。

辽代医学有两个特点，第一，普遍采用观察病人形色进行病情诊断；第二，治疗方法主要采用针灸。这种方法完全适应了草原生活的特殊条件，也是学习了中原医术，在长期临床实践中不断总结不断提高得来的。同时，辽代医学的发展，和政府的提倡也是分不开的。兴宗时，政府派耶律庶成把汉文的《方脉书》翻译为契丹文，在部落里推广学习，要求医生们通过切脉帮助诊断，这样，便把草原医学向前推进了一步。在治疗方法方面，如针灸、砭石等也都有所继承和发展。

温泉治疗，在北方各族中，从拓跋魏（北魏）以来就有悠久传统，辽代在草原上承继了这种办法，一直到现在，达斡尔人、蒙古人还常利用温泉治疗疾病。

在药物方面，辽境内出产各种名贵的动植物药材，比如鹿茸、鹿尾、麝香、熊胆等。此外还从中原输入一些熟药；女真地区按例贡纳白附子、天南星、茯苓等生药；由高丽贡输人参；乳香由回鹘输入。

辽政府对于医药方面的行政机构，也很注意，中央政府有太医局，设翰林医官，民间有民间医生。南面官设有汤药局，由都提点管理汤药。北面官小底局内设有汤药小底。以上都表明了辽宫廷里对医药的重视。

特别值得介绍的有两种成药。一种是麻醉剂，汉末三国时代，华佗在进行外科手术时，先叫病人“以酒服麻沸散”，一会儿便进入麻醉状态，手术完毕，敷药缝合。后代外科手术不发达，麻沸散的方剂也就随着失传了。但在辽代却因为刑罚严峻，常常把“犯人”打得皮开肉绽，医生们在临床实践中，总结出一种“鬼代丹”成药，专门止痛。实际是一种内服麻醉剂，也许就是麻沸散之类。另一种是冻伤药。有一年冬天道宗接见宋朝使臣赵相，看到赵相的耳朵颜色不对，急令侍者拿来药盒，取出黄色药粉涂在赵相的两耳周围，涂后顿觉其热如火，接见完毕，出殿以后，接待人员告诉赵相："大使的耳朵受冻过甚，若涂药稍迟，便全耳无血脱落了。"又说："这种冻伤药，市上也有卖的，价甚贵；我们早朝时，遇极寒就涂上一些。还有一种价廉的，用狐溺调敷伤处。"

辽代医学之所以会有这样出色的成就，也并非偶然的，由于得到政府的重视和民间医生的努力，在理论上和实践上都有所发展，比如他们对于医学文献的重视，使得许多中原已经失传的异书医经得到保存。公元九四七年（辽大同元年）辽太宗破后晋的时候，曾经从汴梁掳去了不少医官、方技和图书、铜人，并且采取积极态度进行研究。乾统年间刻过医书《肘后方》。这些对于医学发展都有直接影响。此外，契丹人"瘦尸"的传统习俗，也促进了解剖人体的活动，对于医学也起了积极作用。

一九五四年在一座辽墓里发现两把牙刷，牙刷柄是骨制的。一把长十九点五厘米，另一把长十九点二厘米，牙刷头部所植的毛束由于时间较长而消失了，留下了八个植毛孔，共两排，每排四孔，柄圆形，植毛部扁平长方形，与现代牙刷极相似。比欧洲的牙刷早了六百多年。一九七七年《群众医学》第八期特别介绍了这项口腔卫生的历史。

契丹的兽医也很出色，能对大牲畜进行阉割和内脏的手术或药物医治。

三　民族风格和中原文化

——音韵训诂·契丹字·文学·艺术

先说音韵训诂。

唐朝有个和尚慧琳，擅长文字音韵之学，他曾遍读一切佛经，写过一部《一切经音义》，对文字学有一定贡献。辽朝燕京沙门希麟撰成《续一切经音义》，即续补慧琳的工作。他在序文里详细论说了结绳以下华夏的文字源流和佛经传来之后文字学上的若干问题，此书现已刊入《续大藏经》。

另一个长于音韵字学的辽僧行均，也是燕京人，他曾集录当时使用的文字，不限于佛经，按照平上去入四声为次，撰成《龙龛手镜》四卷，计二万六千四百三十三字，加上注文总共一十八万九千六百一十余字。另撰《五音图式》附于后。以后传入宋朝，很快又重版流行。沈括在《梦溪笔谈》里特别提到辽代这部书，给了它很高的评价："观其字音韵次序皆有理法。"

行均这部书，在当时是一项打破成规旧例别出心裁的作品，自立体系，按四声编排，收集了当时民间流行的简体字，如"糴"作"籴"，也收录了合音字，如"甭"，合义字如"歪"、"[illegible]"之类。对许慎《说文》以下的字书是革新；对当时用字特别是辽地用字说是实录。清代有的学者说这部书破坏了六书传统。这个说法显然偏于保守，理由不充足。

唐代颜元孙《干禄字书》，已经采用佛经中的字，扩大了字书收录的范围。行均承继这种精神，撰成了自己的作品。南宋李焘作过一部《说文五音韵谱》，又按行均的做法略加变通改进。学问是积累的接力工作，辽代的人们，做了他们那个时代一些承前启后的工作，做得很出色。

以下说契丹字。

在有契丹字之前，唐时，东北的一些区域

集团，如震国、渤海、兀惹等，都曾“有文字书记”（这里的“文字”指汉字），即把汉字当意义符号，用自己本族的语言读。邻国朝鲜、日本用汉字，基本上也是这种办法。日本人翻印汉文古籍时，在汉字左侧，加上颠倒顺序的符号；在右边或下面加上标示语尾、助动词或助词的假名，就是为了用日语读。契丹小儿初读书，把“鸟宿池中树”读作“水底里树上老鸦坐”；“僧敲月下门”读作“月明里和尚门子打”。正表明他们也是用本族语言读汉文，和渤海人是一样的。

从公元八四二年（唐武宗会昌二年）起，契丹人就用唐中央发给他们的汉文的“奉国契丹”四字印记；太祖太宗时期，“诏则呼汉儿”；望海堂万卷藏书，是很早以来从幽州采购收集的汉文图书；东丹王身边有汉人学者。契丹地区有很多汉人，阿保机就是凭借着汉城汉人起家的；契丹人中有些通汉语（阿保机就通汉语），有的认识汉字（突欲、德光都能认会写），是可以理解的。“汉人陷蕃者，以隶书之半，就加增减撰为胡书”，“汉人教以隶书之半增损之”，这种是契丹大字，辽神册五年（公元九二〇年）颁行。

又因回鹘使者来，太祖命迭剌接待，“相从二旬，能习其言与书，因制契丹小字，数少而该贯”。这两种字同时和汉字并行。

汉文“天”字，经常使用的有两个意义：一是天地的天，即苍天；一是今天明天，三天五天，表明日子的天。契丹大字苍天的“天”作“歪”，日子的“天”作“日”。契丹小字苍天的“天”作“仌”，日子的“天”作“乏”。

数目字“二”“五”，契丹大字同于汉字作“二”“五”；契丹小字作“圣”“戈”。

年月日的“月”契丹大字同于汉字“月”；契丹小字作“艾”，同于回鹘语（回鹘语称“月”曰“艾”）。

契丹字使用面很窄，如政府对内对外的正式公文，包括朝廷的诏令奏议，对中原（五代、宋）的一切国书，对西夏的所有文件，对高丽的各种文件，全用汉文，不用契丹文副本。关于佛经的翻译、解释、著作，也完全用汉文。只有装点送终的哀册墓志之类，有用契丹文的，多数另有汉文的一份；即使专用契丹字，没有另外汉文的，也必用汉文题额，纯用契丹字不用汉字是个别的。

契丹字虽然也被用来译汉文，但使用不广泛，不过它毕竟是表达本族语言的符号。创制本族自己的文字用来吸收中原文化，也算一代大事。金紧跟大辽的脚步，制成女真字，也分大小两种。金前半期，也还沿用契丹字，直到明昌二年（公元一一九一年）金廷才宣布不用。

党项人建立的西夏，也造了代表本族语言的西夏字，而且比较广泛地使用了它。

辽代的文学艺术是丰富多彩的。但是在过去和现在的一些中国文学史、艺术史著作里，对于辽代文学艺术的介绍，都极其简单或者是空白的。

先说文学。民间文学方面，在生产和生活中，各族劳动人民创造了谚语、歌谣、传说和其他形式的各种口头文学，有的是生产经验的总结，有的反映了阶级斗争，也有叙说各族人民历史的故事。这里介绍一篇长久流传在契丹部落里的《焚骨词》：

冬月时，向阳食；
夏月时，向阴食。
若我射猎时，
使我多得猪鹿。

表达了他们对于生活的希望，也反映了每年两季的生产活动。在“一分喂，十分骑”这个谚语里，总结了他们养马的经验。天祚帝的时候，政府昏庸腐朽，人民便在民谣中，进行强烈的讽刺：

五个翁翁四百岁，南面北面顿瞌睡；
自己精神管不得，有甚精神管女直。

这样多种形式的民间文学，主要靠口头相传，可惜今天保存下来的数量不多，但是也说明了辽代的文坛并不是荒沙一片。

传记文学有《七贤传》《三臣事迹》等，不少作家有自己的诗文集，可惜没能传下来。

在诗词歌赋方面，辽代也有突出的风格，他们能够把豪放自然的传统和中原成熟精练的因素结合起来，“乐天诗集是吾师”就是圣宗的名句。道宗有《题李俨黄菊赋》一首：“昨日得卿黄花赋，碎剪金英填作句，至今襟袖有余香，冷落秋风吹不去。”不仅诗意清新，用字也显得精练喜人。又《赠法均大师》诗：“行高峰顶松千尺，戒净天心月一轮。”这样气象磅礴的诗句，在唐宋诗里，也算中上等吧。在散文方面，澶渊结盟以前，多数是公私文牍或讨论时政的文章，好的一般能达到论辩清晰，文辞简练，差的多属四六堆砌。澶渊结盟以后，文坛上涌现出一些抒写性情的作品，也没有传下来。小说方面，留到现在唯一的一篇，那就是王鼎作的《焚椒录》。唐代在古文运动之后新兴了一种兼备众体的小说，吸收了《莺莺传》《长恨歌传》等，《焚椒录》就是继承唐代小说的优点又加以发挥的。

再说艺术。

辽代的艺术，包括绘画、建筑、雕刻、音乐和舞蹈，都有较好的发展和独特的成就。画家耶律题子，在公元九八六年（辽统和四年）参加宋辽战役的时候，在战场上把负伤仆倒的宋将，立时勾画出来交给被俘的宋军看，大家惊叹他的画笔的神妙。根据当时创作情况看，这显然就是现在我们所说的速写。另一个画家耶律褭履以画像专长。他曾经奉命出使宋朝，宋仁宗接见他时，正好案前摆着一瓶花，把仁宗的面庞遮住，不得仔细仰观，但是他竟能从瓶花缝隙中观察，抓住了容貌特点，画出了逼真的肖像。辽宁法库叶茂台辽墓出土一幅山水画、一幅花鸟画。山水画把青绿重彩寓于浅绛之中，吸收了唐至宋初的手法；花鸟画先用双钩再涂淡彩，又以石绿点染野花，在花鸟画里也显出自有的特点。留传到现在的一幅花鸟画，相传是画家萧瀜的作品，用笔敷色的水平很高。也有人说是赝品。这件实物现存中国台湾。萧瀜是一个有成就的画家，他对唐代裴宽、边鸾的作品很有研究，领会很深。

壁画在辽代的成就也是很突出的。比如懿州宝严寺经阁四壁，待诏田承制画的《二十八宿》像，当时就被推为上品。墓室壁画，近来出土的很多，辽宁阜新萧德温墓内，墓门右壁画了两个戴乌帽、穿大袍的人在草坪上下棋，正面一个僧人坐着观看，前面石台上有杯、盘、炼盂等器皿。左下方画了怪石、巨松。左壁画了一个坐在石山上的人，长袍、长筒靴，头发旁垂，稍微有点胡须，衣着发饰都具有民族特点。他面前地上插了一把利剑，再前面放着一座三段式的方炉，烟焰冲天。人像背后岩石突起，巨松矗立，松树老干苍古，枝叶繁茂。看来是用契丹人的形象，表现古代炼剑的故事。拱门上方，还有一幅飞鸟牡丹流云图。北京南郊赵德钧妻种氏墓内所画妇人做面食的图像，那是一幅历史画，摹绘后晋太后路过此地时，墓主人曾进奉面食的事迹。这些壁画的精彩内容，不结合历史文献根本无法理解。河北平泉出土的辽墓中，有保存得比较好的壁画三幅：一幅花卉，两幅人物。其中有一幅画的侍女两人，都头绾双髻，长领宽袖，面带微笑；另一幅画的是侍童两人，一个头梳刘海发，长领宽袖，一个头前梳双角，圆领长袖，面孔丰满，形象生动。墓门画有侍马而立的马僮，马姿十分雄骏。

在建筑和墓室中常见的图案画也很出色，有飞天、莲花、宝相花、牡丹花、草凤等，一般是色调鲜明、华丽，艺术水平很高。

辽代的雕塑也有相当成就，不少实物现在还保存在建筑和墓室中。有些是刀法遒劲栩栩如生的作品，石窟石幢的雕刻中也有出色的，砖塔、石碑的浮雕一般很精致。塑像有出名的刘銮塑。蓟县独乐寺十一面观音立像，高五十多尺；两旁的侍者像也高达十二尺，足踏莲花，姿态自然有神，不愧是塑造艺术的杰作。辽宁义县奉国寺大雄宝殿的神佛、神将像，也都庄严魁伟，今天还可以看到它们的独特风格。

辽代的音乐，接受了南北传统，分雅乐、大

乐、散乐和国乐，也有各族自己的歌舞。雅乐、大乐和散乐是从后晋传来的，可说是继承了唐代的遗产；国乐是契丹在本族的传统音乐；各族的歌舞是属于各族自己民间的地方性的音乐艺术。

散乐器有箫、笛、笙、琵琶、五弦箜篌、方响、杖鼓、腰鼓、大鼓和拍板等。随着乐舞活动，还有百戏、角抵、马戏等。宣化辽墓的壁画上，保存了一幅散乐图。

国乐常用在宫帐里。乐队由几十个人组成，一般用小乐器；歌咏队称诨子部，举行射柳（骑马射柳枝是一种体育竞赛）的时候，诨子部唱起本族歌曲，前导助兴，用胡瑟伴奏。

金灭辽后，接收了辽的歌舞队，专门用来招待宋朝的使臣。根据当时宋朝使臣的一份记载，在咸州看到的歌舞队，“曲调与中朝一同。但腰鼓下手太阔，声遂下，而管、笛声高，韵多不合。每拍声后，继一小声。舞者六七十人，但如常服，手出袖外，回旋曲折，莫知起止”。在驿馆看到的音乐“人数多至二百人”。据说是契丹的“教坊四部”，“每乐作，必以十数人高歌，以齐管色声出众乐之上”，这是一个特点。第二天，举行花宴，“乐作，鸣钲击鼓，百戏出场，有大旗、狮豹、刀牌、砑鼓、踏跷（即踏高跷）、踏索（即走绳或钢丝）、上竿、斗跳、弄丸、挝簸旗、筑球、角抵、斗鸡、杂剧等。服色显明，颇类中朝”。特点是“又有五六妇人，涂丹粉，艳衣，立于百戏后，各持两镜，高下其手。镜光闪烁，如祠庙所画电母”。

由此可见，契丹族的舞姿是多样的，有的重在婀娜回旋，有的突出顿挫、伸缩手足来做表演。

各族歌舞中，最好的有回鹘舞、敦煌舞、渤海舞（先由数人领唱领舞，再由男女跟随更相唱和，回旋婉转号曰踏追）。东北各部的歌舞，按照惯例要在宁江州的头鱼宴（每年春猎时，主要项目是捕头鱼、头鹅）上会演。

此外，当时契丹人的打球、射柳、马技，汉人的剑法，也都很出色，各具特点，值得介绍的太多了，到此为止吧。

几句收尾的话

我们谈过了辽代的历史和契丹人的大概，《辽代史话》告一段落，粗线条，不详不备，也难免错误，让我们再简单地说几句收尾的话。

辽作为一个朝代，上承唐朝，下接金朝，在我国北方广大地区建立了有二百多年历史的政权，对于祖国的历史文化有着多方面的贡献。

在经济上，辽比较妥善地处理了农牧关系，取得了农牧并重、农牧结合的经验。本来，游牧人户是不定居的，由于农户兼营了畜牧，有了定居放牧的例子，这种形式反过来又影响牧民，达到了农牧结合。

在政治上，辽突出地发挥了“因俗而治”的精神，根据各地各族的具体情况办事。辽廷对东北、北方的经营，建制设官，做过“改土归流”的试验；还把本族官员插在别的民族地区任副职。这些措施在一定程度上提高了我国边境各民族的向心力，从而稳定了北方的疆界。

从历史文化的角度总括看来，在这二百多年里，辽“融化”了万里长城，沟通了长城南北，把中原文化引到草原上，促成中原文化和草原传统的结合，形成了新的特点。具体地说来，辽代在草原上营建起都城、市镇，不仅创造了契丹文字，对于汉字音韵，也有独具创见的作品，翻译、解释了一些佛教经典，在某些成就上超过了宋代，如辽版的《大藏经》，质和量都在“宋藏”以上。辽代的科学、医药、文字音韵、文学、艺术都具有自己的特色和突出成就。

在辽的疆域内，从北到南，存在着部落、奴隶和封建等不同的社会结构，这个现实的本身，就反映了一部漫长的历史发展图景。处在不同历史阶段的人们，都向一个比较先进的阶段过渡。各地区各族人民反抗压迫、剥削的斗争，汇合其他因素，成为社会前进的动力。

契丹人开始赖以生存活动的是那些有水有草的地带，富庶的农业区，吸引着他们向南看，但是他们又披荆斩棘，帮助那些住在边境地区的兄弟部族建设了祖国的东北方边疆。

他们从荒寒的北方地区到北京以南这样一

片广阔的国土上，努力向唐朝学习，同时和宋朝比美，为祖国统一创造了条件。历史告诉我们：金朝一百多年，只是辽代的继续。辽、金以后，再没有分裂了。辽、金开发的北疆，经历过元、明，直到清顺治、康熙以后，才遭遇到资本帝国主义的侵略。

学习了辽代历史，我们可以看出，祖国各族人民的历史是不可分割的，在长期的历史发展过程中，手足相依，由于分化同化的原因，彼此也有了某些共同的成分和不可分割的文化遗产。

学习辽代历史，我们还可以看出，我国历史上虽然有过在不同地区分别建立的政权，但是它们仍然是中国整体的一部分；在长期的历史发展过程中，不过是短期的现象，而且可以说只是统一的准备阶段，统一的前奏。

中国自古就是一个多民族的国家，契丹是中国的，契丹人是中国人，辽代作为一个朝代的贡献是应该肯定的，这和我们说宋代在我国历史上对中原文化传统做过更多承前启后的努力、有很大贡献，同样是不容争辩的事实。

在本稿修改结束的时候，我不由得又想起了吴晗同志。吴晗同志一贯重视历史知识的普及工作。一九三九年，我们同客昆明。他听说我作了一篇《头下考》（辽）刊在历史语言研究所《集刊》上，步行十几里路，专程找我研究头下制度的起源、发展和辽、元两代的异同。那时他就说，我们除了做考证，还要做点普及。不久，他写了一篇《投下考》，重点论元代的，刊在当时迁到昆明的天津《益世报》。

一九六三年，他倡议推广历史知识，写一些普及读物。他邀我和冯家昇同志分别写辽代、金代的史话。他号召大家根据研究心得深入浅出地写出来。史话体式无定型，要在实践中摸索。我因自己对辽史研究不够深入，浅出也难，迟迟未动笔。直到一九六六年才写出草稿，可是那时已不需要这些了。

粉碎“四人帮”以后，重看此稿，回念筹议初期，全是吴晗同志推动督促之力。现在本书就要刊印成本，可他已经离开我们十年了。

为了普及历史知识，为了纪念吴晗同志的发起提倡，我这个小册子就算对普及体式的一个尝试，请同志们指正。

陈　述

一九七九年十二月二十日

附录　辽代大事年表

本表中，如无特别注出，后梁、后唐、后晋、后汉、后周均用其国号梁、唐、晋、汉、周。

公元九〇七年·丁卯·太祖元年（梁开平元年）

耶律阿保机建号天皇帝。

唐宣武节度使朱全忠篡唐，国号梁。

卢龙节度使刘仁恭为其子守光所囚。

阿保机与晋王河东节度使李克用会盟，结为兄弟，约共击梁。既而背盟聘梁。

公元九〇八年·戊辰·太祖二年（开平二年）

遣使于梁求封册。

晋王李克用殁，子存勖（一作“勗”）袭河东节度使、晋王。

公元九〇九年·己巳·太祖三年（开平三年）

置羊城于炭山北，以通市易。

沧州节度使刘守文为其弟守光所攻，遣人来乞兵，以兵助之，守光溃去。

梁迁都洛阳，以汴梁为东都。梁封刘守光为燕王。

公元九一一年·辛未·太祖五年（梁乾化元年）

皇弟剌葛等具天子旗鼓，争夺大位。

陷平州；既而撤退。置铁冶。

刘守光称大燕皇帝。

公元九一二年·壬申·太祖六年（乾化二年）

亲征刘守光；亲征术不姑，俘获数万。

晋军攻下涿州，进逼幽州，刘守光求援于梁。

梁帝为其子友珪所杀，友珪称帝。

公元九一三年·癸酉·太祖七年（乾化三年）

梁均王友贞杀友珪，即位于开封，是为梁末帝。

晋军克幽州，先后擒刘仁恭、守光父子。

公元九一四年·甲戌·太祖八年（乾化四年）

刺葛等被擒，并以轻重处刑。

晋杀刘仁恭、守光父子。

公元九一六年·丙子·神册元年（梁贞明二年）

亲征突厥、吐谷浑、党项、吐蕃、沙陀诸部。陷晋蔚州。

侵云州。

公元九一七年·丁丑·神册二年（贞明三年）

陷新州；围幽州。进据平州，以卢文进为节度使。

公元九一八年·戊寅·神册三年（贞明四年）

建皇都。

晋大举攻梁，梁败。

高丽王建称王，国号高丽。

公元九二〇年·庚辰·神册五年（贞明六年）

制文字，颁行境内，是谓大字。后又制小字并行。

公元九二一年·辛巳·神册六年（梁龙德元年）

定法律；正班爵。

攻幽州，陷涿州，攻定州。

梁成德军留后张文礼、义武节度使王处直来求兵。

公元九二二年·壬午·天赞元年（龙德二年）

攻定州败于李存勖。

分迭剌部为五院六院二部。

攻下蓟州。

公元九二三年·癸未·天赞二年（龙德三年）

进扰幽州，至易、定回军。

李存勖称帝，国号唐，迁都洛阳。梁亡。

公元九二四年·甲申·天赞三年（唐同光二年）

亲征吐谷浑、党项、阻卜等部，屡次进扰幽州。据有营平。进扰易、定、蔚、岚等州。

公元九二五年·乙酉·天赞四年（同光三年）

日本来贡。

公元九二六年·丙戌·太宗德光天显元年（唐天成元年）

亲征渤海，灭之，改为东丹国；立太子倍为人皇王主东丹。

阿保机病殁，次子德光继位，即太宗。

遣使聘唐，告哀。

卢龙节度使卢文进率众十余万奔唐。

公元九二七年·丁亥·天显二年（天成二年）

遣使于唐请修好；唐亦遣使报聘。

公元九二八年·戊子·天显三年（天成三年）

唐义武节度使王都叛唐，卢龙节度使张希崇奔于唐，迁东丹民实东平；升东平郡为南京。

公元九二九年·己丑·天显四年（天成四年）

连次侵云州。

公元九三〇年·庚寅·天显五年（唐长兴元年）

东丹王突欲奔唐。

公元九三一年·辛卯·天显六年（长兴二年）

置中台省于南京。

公元九三二年·壬辰·天显七年（长兴三年）

唐卢龙节度使赵德钧为防卫幽州，先后建良乡、潞、三河等县。

唐蔚州刺史张彦超来附。

公元九三四年·甲午·天显九年（唐清泰元年）

扰云州。

公元九三五年·乙未·天显十年（清泰二年）

扰新州、振武、应州。

规定野固口（云州之北）为榷场，与唐互市。

公元九三六年·丙申·天显十一年（清泰三年·晋天福元年）

唐河东节度使石敬瑭反，唐以赵德钧御之，德钧通于契丹求为皇帝。敬瑭亦求兵于契丹，许割燕云诸州，自称儿皇帝。

德光率兵援敬瑭，册为皇帝、国号晋。

公元九三八年·戊戌·会同元年（天福三年）

扩建皇都为上京，以幽州为南京，改南京为东京。

地震。

定官制。

公元九三九年·己亥·会同二年（天福四年）

徙五院部三石烈于乌古之地。

公元九四〇年·庚子·会同三年（天福五年）

雁门以北吐谷浑部千余帐奔于晋，遣使责之。晋命吐谷浑还故地。

朔州节度副使赵崇逐节度使刘山（即耶律画里）奔于晋。

公元九四一年·辛丑·会同四年（天福六年）

晋成德节度使安重荣执辽使，上书晋廷请伐辽。

吐谷浑首领白承福降晋，晋河东节度使刘知远处之太原、岚石之间。

公元九四二年·壬寅·会同五年（天福七年）

以契丹户分屯南边。晋函安重荣首来献。

石敬瑭殁，兄子重贵嗣，遣使来告哀。遣使吊祭。谢书称孙不称臣。

公元九四三年·癸卯·会同六年（天福八年）

客省使乔荣还辽。

公元九四四年·甲辰·会同七年（晋开运元年）

分道攻晋，东陷贝州、博州，前锋至黎阳；西入雁门，攻太原。晋帝致书求修好，不许。诏征诸道兵会温榆河北。遣使南唐，献马三百匹、羊三万五千只，另一次马两万匹、羊三万只，以其价市罗、纨、茶、药。

公元九四五年·乙巳·会同八年（开运二年）

进掠邢、洺、磁三州，入邺都境；晋军奋战，转守为攻，连下泰州、满城；契丹援兵亦败。

晋遣使称臣乞和，未允。

公元九四六年·丙午·会同九年（开运三年）

定州人孙方简据狼山自保，又辗转于契丹、晋之间，至是引契丹侵晋。诏征诸道兵，仍戒有伤禾稼者以军法论。

进攻河东，败于晋将刘知远。

晋将杜重威、李守贞来降。

汴京陷，晋出帝石重贵降，晋亡。

公元九四七年·丁未·大同元年·天禄元年（天福十二年）

太宗德光入汴，改国号曰大辽，改年号曰大同。荆南高从诲、南唐均遣使来贺。

德光北返，卒于栾城。突欲之子兀欲继位，即世宗。

刘知远称帝于晋阳，国号汉。仍称天福年号。

公元九四八年·戊申·天禄二年（汉乾祐元年）

孙方简以定州归汉。

地震。

公元九四九年·己酉·天禄三年（乾祐二年）

进扰河北。吐蕃、吐谷浑等来贡。

公元九五〇年·庚戌·天禄四年（乾祐三年）

建政事省。

兀欲统兵扰安平、内丘、束鹿。汉将郭威奉命抵御，至澶州，军变，拥威为皇帝，还军。

公元九五一年·辛亥·穆宗应历元年（周广顺元年）

郭威即帝位，改国号曰周。周遣使来，书辞抗礼，留之。

刘崇（又名刘旻）称帝于晋阳，号曰北汉。遣使来请兵，求封册，称侄。遣使册为大汉神武皇帝。自将南伐，中途被杀，太宗长子璟（小字述律）继位，即穆宗。

公元九五二年·壬子·应历二年（广顺二年）

扰冀州。

瀛、莫、幽州大水，灾民流入周境。

公元九五三年·癸丑·应历三年（广顺三年）

掠定、镇二州，扰乐寿。

知卢台军事张藏英降周。

吐蕃遣使来贡。

公元九五四年·甲寅·应历四年（周显德元年）

助兵北汉攻潞州，败周兵。

周帝郭威殁，养子柴荣立，即周世宗。

北汉主刘旻殁，子承钧嗣，册为皇帝，改名钧。

公元九五六年·丙辰·应历六年（显德三年）

南唐遣使来乞兵。

公元九五八年·戊午·应历八年（显德五年）

扰周北边州县。

公元九五九年·己未·应历九年（显德六年）

周下诏北伐收复失地。

周军取莫、瀛、易州，益津、瓦桥关。关南悉平。

周以瓦桥关为雄州、益津关为霸州。

周世宗殁，子宗训嗣，是为恭帝。

遣使南唐，被周暗杀，自是未再遣使南唐。

公元九六〇年·庚申·应历十年（宋建隆元年）

陈桥兵变，周殿前都点检赵匡胤称帝，国号宋，都开封。

政事令耶律寿远等谋反，处死。

公元九六一年·辛酉·应历十一年（建隆二年）

司天监进新历。

生女真自海道贡马于宋。

公元九六三年·癸亥·应历十三年（宋乾德元年）

宋欲城益津关，命南京以兵扰之。

公元九六四年·甲子·应历十四年（乾德二年）

黄室韦、乌古先后抗辽廷。

公元九六五年·乙丑·应历十五年（乾德三年）

乌古降。大小二黄室韦先后抗辽廷，以兵讨之。

大黄室韦长亡入敌烈，西北各部，时叛时服。

公元九六六年·丙寅·应历十六年（乾德四年）

进扰宋易州；宋扰北汉。

公元九六七年·丁卯·应历十七年（乾德五年）

进扰宋益津关。

公元九六八年·戊辰·应历十八年（宋开宝元年）

宋攻北汉，围太原，北汉来求救；援兵至，解围。

公元九六九年·己巳·景宗保宁元年（开宝二年）

穆宗被杀害；世宗第二子贤（小字明扆）继

位，即景宗。

宋帝攻北汉，围太原；派兵援汉，宋军大掠上谷、渔阳而还。

宋败辽兵于阳曲北，辽侵宋定州，为宋所败。

公元九七〇年·庚午·保宁二年（开宝三年）

扰宋定州。

敌烈反抗辽廷。

公元九七一年·辛未·保宁三年（开宝四年）

扰宋易州。

公元九七三年·癸酉·保宁五年（开宝六年）

伐党项，服之。女真掠边境；既而来朝。

公元九七四年·甲戌·保宁六年（开宝七年）

宋遣使请和，以涿州刺史耶律合住加侍中，与宋议和。

以沙门昭敏为三京诸道僧尼都总管，加兼侍中。

公元九七五年·乙亥·保宁七年（开宝八年）

宋遣使来贺正旦。自是双方互派使臣贺正。

黄龙府将燕颇反。遣兵进讨，燕颇据守兀惹城。

公元九七六年·丙子·保宁八年（宋太平兴国元年）

复南京礼部贡院。女真扰边。

宋攻北汉、围太原；遣兵救北汉。

宋帝赵匡胤殁，遣使来告。遣使如宋吊慰。

公元九七七年·丁丑·保宁九年（太平兴国二年）

宋于镇、易、雄、霸、沧州各置榷务，辽宋互市。

以粮二十万斛助北汉。

公元九七八年·戊寅·保宁十年（太平兴国三年）

辽宋互派使臣贺皇帝生辰。

公元九七九年·己卯·乾亨元年（太平兴国四年）

宋太宗自将伐北汉，遣兵援之，北汉及援兵败。刘继元降宋，北汉亡。

宋太宗以灭北汉之兵攻辽，围南京。派兵增援，大败宋军于高梁河。

公元九八〇年·庚辰·乾亨二年（太平兴国五年）

宋将杨业败辽师于雁门。

辽帝至南京督师侵宋，大败宋军于莫州。

公元九八一年·辛巳·乾亨三年（太平兴国六年）

扰宋易州，败绩。

上京汉军乱，平复之。

公元九八二年·壬午·乾亨四年（太平兴国七年）

三路攻宋，东路败于满城、唐兴，中路败于雁门，西路败于新泽寨。

攻讨阻卜，景宗殁；长子隆绪继位，即圣宗。太后摄政。

公元九八三年·癸未·统和元年（太平兴国八年）

复国号曰大契丹。诏北府司徒颇德译南京所进律文，改订契丹、汉人互殴处刑不同之律。

党项十五部侵边，击破之。

规定诸节度使每岁贡献止进鞍马。

公元九八四年·甲申·统和二年（宋雍熙元年）

发民夫二十万修诸岭路。赐五国乌限于厥节度使诏，给剑，便宜行事。

公元九八五年·乙酉·统和三年（雍熙二年）

宋约高丽夹攻契丹。

公元九八六年·丙戌·统和四年（雍熙三年）

边将献女真牲口十余万，马二十余万匹。

西夏李继迁来降，命为定难军节度使。以宗女为公主嫁之。

败宋曹彬于岐沟关；败杨业于陈家谷口，业壮烈牺牲。

公元九八七年·丁亥·统和五年（雍熙四年）

进扰束城、文安。

李继迁败宋兵于玉亭。

公元九八八年·戊子·统和六年（宋端拱元年）

初置贡举。

陷宋涿州、祁州。宋以李继迁来附，命李继捧为定难军节度使，赐姓名赵保忠。

公元九八九年·己丑·统和七年（端拱二年）

进占宋易州，开奇峰路通易州市。徙鸡壁砦民于檀、顺、蓟三州，给牛种谷。募民耕燕乐、密云荒地，免赋役十年。

吐谷浑、回鹘、吐蕃自宋来归。

公元九九〇年·庚寅·统和八年（宋淳化元年）

封李继迁为夏国王。括民田，北部女真

来附。

宋夏州兵败李继迁。

公元九九一年·辛卯·统和九年（淳化二年）

枢密使监修国史，室昉等进实录二十卷。括户口。

宋攻李继迁，降之，授银州观察使，赐姓名赵保吉。契丹遣使诏谕之。

东边建来远等三城，屯戍卒。

赵保忠降于契丹，封西平王，复姓名李继捧。

南京地震。

公元九九二年·壬辰·统和十年（淳化三年）

侵灵州。遣东京留守萧恒德等伐高丽。

公元九九三年·癸巳·统和十一年（淳化四年）

高丽称臣入贡。以女真鸭绿江东地赐高丽。

南京大水。

公元九九四年·甲午·统和十二年（淳化五年）

命州县贡明经茂才异等，赐南京太学庄田一区。

滹阴大水，没三十余村；命疏旧渠。

高丽奉契丹正朔。于鸭绿江西创筑五城，以通贡路。

宋兵入夏州，俘李继捧；李继迁远遁。

公元九九五年·乙未·统和十三年（宋至道元年）

攻宋府州、雄州，败绩。

诏诸道置义仓。

禁行在市易布帛不中尺度者。

高丽遣童子来学契丹语。

公元九九六年·丙申·统和十四年（至道二年）

高丽遣使问帝起居，自是岁以为常。减南京税。

公元九九七年·丁酉·统和十五年（至道三年）

劝品部富民出钱赡贫民，河西党项叛，遣将讨之，西路拓地益远。募民耕滦河旷地。

罢东边戍卒，禁吐谷浑等鬻马于宋。

公元九九八年·戊戌·统和十六年（宋咸平元年）

罢民输官俸，给自内帑。

公元九九九年·己亥·统和十七年（咸平二年）

南下侵扰，前军败于保州。

进扰遂城。游骑至邢、洺间。

公元一〇〇〇年·庚子·统和十八年（咸平三年）

败宋兵于瀛州，渡河掠淄齐而还，授李德明为朔方节度使。

公元一〇〇一年·辛丑·统和十九年（咸平四年）

李继迁陷宋清远军，南下侵宋，败于威胜军，还师。

公元一〇〇二年·壬寅·统和二十年（咸平五年）

李继迁陷灵州。

遣将南围麟州，败退。

公元一〇〇三年·癸卯·统和二十一年（咸平六年）

萧挞览进攻高阳关，宋将王继忠被俘投降。

李继迁侵宋西凉府大败，因伤而死，子德明嗣，遣使吊祭。

阻卜降附，修可敦城（镇州）及防、维二州。

西蕃二十五族附宋。

公元一〇〇四年·甲辰·统和二十二年（宋景德元年）

纵骑扰宋深、祁等州，圣宗、太后率兵

二十万南下至澶州，封李德明为西平王。

宋真宗亲征至澶州北城，澶渊结盟。宋许契丹岁币银三十万两绢三十万匹。

公元一〇〇五年·乙巳·统和二十三年（景德二年）

置振武军榷场。宋亦置雄州、霸州、安肃军等榷场。

宋遣使来贺太后生辰，自是岁以为常。

公元一〇〇六年·丙午·统和二十四年（景德三年）

沙州敦煌王来贡马、玉。

公元一〇〇七年·丁未·统和二十五年（景德四年）

以奚王所献七金山土河地建中京。

遣使吊李德明（对契丹仍姓李）母丧。

西北路招讨使破阻卜。

公元一〇〇八年·戊申·统和二十六年（宋大中祥符元年）

攻甘州回鹘，降之。

公元一〇〇九年·己酉·统和二十七年（大中祥符二年）

承天太后殁，告哀于宋，宋遣使吊慰。双方凡遇帝及太后丧，例派使臣吊慰。

公元一〇一〇年·庚戌·统和二十八年（大中祥符三年）

因高丽康肇立新王，亲征高丽。

册李德明为夏国王。

公元一〇一一年·辛亥·统和二十九年（大中祥符四年）

诏族帐有罪黥依部人例。置阻卜诸部节度使。

公元一〇一二年·壬子·开泰元年（大中祥符五年）

高丽乞降，取其六城。李德明贡马。

公元一〇一三年·癸丑·开泰二年（大中祥符六年）

阻卜乌古敌烈抗辽廷，先后服附。将伐党项，告李德明使为犄角。

公元一〇一四年·甲寅·开泰三年（大中祥符七年）

括奉豪等州二万五千余户，置长霸、兴仁等十县。诏诸道饥民质男女者，日计佣钱十文，价折佣尽，遣还其家。

封阻卜部长为王。

公元一〇一五年·乙卯·开泰四年（大中祥符八年）

攻高丽之师无功而还，再进兵取其二镇。

破阻卜乌古敌烈部，迁乌古敌烈于胪朐河。

公元一〇一六年·丙辰·开泰五年（大中祥符九年）

赵德明贡于宋。

败高丽于郭州，再伐高丽，败还。

公元一〇一七年・丁巳・开泰六年（宋天禧元年）

再伐高丽，败还。

公元一〇一八年・戊午・开泰七年（天禧二年）

吐蕃假道夏国来贡。括马给东征军，再攻高丽，高丽请和。

公元一〇一九年・己未・开泰八年（天禧三年）

迁宁州、渤海户于辽、土二河之间，高丽请和，许之。

公元一〇二〇年・庚申・开泰九年（天禧四年）

高丽称藩纳贡。

公元一〇二一年・辛酉・太平元年（天禧五年）

大食请婚，以宗女为公主嫁之。

公元一〇二二年・壬戌・太平二年（宋乾兴元年）

地震。云、应二州屋摧地陷，嵬白山裂数百步，泉涌成流。

公元一〇二四年・甲子・太平四年（宋天圣二年）

遣使建都阿富汗之素丹马合木。

公元一〇二六年・丙寅・太平六年（天圣四年）

建城于混同江、疏木河之间。

遣兵入女真界，俘获不计其数。

党项别部设契丹节度使。阻卜扰边境。

公元一〇二七年・丁卯・太平七年（天圣五年）

在阴山、辽河兴扩冶。

公元一〇二九年·己巳·太平九年（天圣七年）

东京舍利军详稳、渤海人大延琳等起义反辽，南北女真附延琳，辽廷派兵进剿。

公元一〇三〇年·庚午·太平十年（天圣八年）

大延琳就擒。

公元一〇三一年·辛未·兴宗景福元年（天圣九年）

大雨，诸河皆失故道。圣宗殁，长子宗真继位，即兴宗，太后摄政。以兴平公主妻李德明之子元昊；封元昊为夏国公驸马都尉。

公元一〇三二年·壬申·重熙元年（宋明道元年）

李德明殁，册其子元昊为夏国王。

公元一〇三三年·癸酉·重熙二年（明道二年）

禁夏国使沿路私市金铁，高丽自鸭绿江入海

处向东筑城十四做防御。

公元一〇三四年·甲戌·重熙三年（宋景祐元年）

太后谋废立，事泄。兴宗亲政，迁太后于庆陵。

公元一〇三五年·乙亥·重熙四年（景祐二年）

边将牒高丽，责其停贡筑城。

公元一〇三六年·丙子·重熙五年（景祐三年）

颁行新订条制。始殿试进士。

公元一〇三七年·丁丑·重熙六年（景祐四年）

李元昊署置百官，分兵备辽、宋。

公元一〇三八年·戊寅·重熙七年（宋宝元元年）

高丽来贡，自是复行辽年。

西夏来贡。

公元一〇三九年·己卯·重熙八年（宝元二年）

禁朔州售羊于宋。

公元一〇四〇年·庚辰·重熙九年（宋康定元年）

西夏侵宋延州。

公元一〇四一年·辛巳·重熙十年（宋庆历元年）

罢鸭绿江浮桥及汉兵屯戍。

夏攻宋麟、府二州，宋于河北置场括市战马。

公元一〇四二年·壬午·重熙十一年（庆历二年）

遣使入宋，索瓦桥以南十县地；宋许增岁币银绢各十万。

公元一〇四三年·癸未·重熙十二年（庆历三年）

改政事省为中书省。置契丹警巡院。命耶律谷欲等编修国史。亲征西夏，败绩。升云州为西京。

宋夏议和，约定宋岁赐夏银绢茶等二十余万。置榷场，宋夏互市。

公元一〇四五年·乙酉·重熙十四年（庆历五年）

西夏请和进贡。

公元一〇四六年·丙戌·重熙十五年（庆历六年）

禁契丹人以奴婢鬻于汉人。

公元一〇四七年·丁亥·重熙十六年（庆历七年）

免各部对五院、六院二部助役。

公元一〇四八年·戊子·重熙十七年（庆历八年）

阻卜献马、驼二万。括马。

遣使高丽贺生辰，自是岁以为常。

公元一〇四九年·己丑·重熙十八年（宋皇祐元年）

亲征西夏，败绩。阻卜贡马、驼、珍宝。

公元一〇五〇年·庚寅·重熙十九年（皇祐二年）

大败夏兵于三角川，夏再扰边败退，请和。

公元一〇五一年·辛卯·重熙二十年（皇祐三年）

诏更定条制。括诸道军籍。

公元一〇五三年·癸巳·重熙二十二年（皇祐五年）

夏遣使进降表。吐蕃来贡。

公元一〇五四年·甲午·重熙二十三年（宋至和元年）

命夏岁贡驼、马。吐蕃来贡。

公元一〇五五年·乙未·道宗清宁元年（至和二年）

兴宗殁，长子洪基继位，即道宗。设学养士，颁五经传疏。

公元一〇五六年·丙申·清宁二年（宋嘉祐元年）

始行东京所铸钱。

公元一〇五七年·丁酉·清宁三年（嘉祐二年）

南京地震，坏城郭，覆压、死者数万人。

禁职官于部内假贷贸易。

公元一〇五八年·戊戌·清宁四年（嘉祐三年）

以公主出嫁吐蕃王子董毡。

公元一〇六〇年·庚子·清宁六年（嘉祐五年）

中京置国子监。

公元一〇六一年·辛丑·清宁七年（嘉祐六年）

前年禁猎，至是禁吏民畜海东青鹘。

公元一〇六三年·癸卯·清宁九年（嘉祐八年）

禁民鬻铜于夏。

皇太叔重元叛变，兵败自杀。

公元一〇六四年·甲辰·清宁十年（宋治平元年）

禁南京民决水种稻、私自货铁及私造御用彩缎。

征求经籍，命儒臣校勘。

禁民间私印文字。

公元一〇六六年·丙午·咸雍二年（治平三年）

改国号曰大辽。

公元一〇六七年·丁未·咸雍三年（治平四年）

西夏进回鹘僧及金佛梵觉经。

公元一〇六八年·戊申·咸雍四年（宋熙宁元年）

在南京募兵。宣布军行地外皆得种稻。

南京地震。

册李秉常为夏国王。夏贡于辽，宋复夏岁赐。

吐蕃来贡。五国部来降。

公元一〇六九年·己酉·咸雍五年（熙宁二年）

宋册李秉常为夏国主。

公元一〇七〇年·庚戌·咸雍六年（熙宁三年）

设贤良科。

禁鬻生熟铁于回鹘、阻卜等界。禁汉人捕猎。

公元一〇七一年·辛亥·咸雍七年（熙宁四年）

禁布帛不中尺度者。

吐蕃、回鹘来贡。

公元一〇七二年·壬子·咸雍八年（熙宁五年）

春、泰、宁江三州民三千余人度为僧尼。

赐高丽佛经一藏。

公元一〇七三年·癸丑·咸雍九年（熙宁六年）

敌烈部杀其节度使叛命，诏隗乌古部军平之。

公元一〇七四年·甲寅·咸雍十年（熙宁七年）

阻卜来贡。

遣使入宋议河东疆界。

公元一〇七五年·乙卯·大康元年（熙宁八年）

宋割河东地七百里归辽。

吐蕃来贡。

赈南京贫民。

公元一〇七六年·丙辰·大康二年（熙宁九年）

南京地震，民舍多坏。

公元一〇七七年·丁巳·大康三年（熙宁十年）

奸臣耶律乙辛谋杀太子濬。

公元〇一七八年·戊午·大康四年（宋元丰元年）

诸路饭僧尼三十六万人。

公元一〇七九年·己未·大康五年（元丰二年）

复南京流民差役三年。

公元一〇八二年·壬戌·大康八年（元丰五年）

除贡新及奏狱讼外，禁止驰驿。

南京霖雨成灾，草原大风雪，牛马多死。

公元一〇八三年·癸亥·大康九年（元丰六年）

大雪，马死者十六七，检括诸路逃户，禁官吏于部内贷钱取息。

公元一〇八四年·甲子·大康十年（元丰七年）

禁毁铜钱为器。

公元一〇八五年·乙丑·大安元年（元丰八年）

太祖以下七朝实录成。

公元一〇八七年·丁卯·大安三年（宋元祐二年）

除安泊逃户征偿法。禁钱出境。

公元一〇八八年·戊辰·大安四年（元祐三年）

立入粟补官法，许民自鬻。

公元一〇八九年·己巳·大安五年（元祐四年）

诏南京、中京精选举人。

公元一〇九一年·辛未·大安七年（元祐六年）

日本来贡。

公元一〇九三年・癸酉・大安九年（元祐八年）

攻阻卜失利，西部牧群被掠。

公元一〇九四年・甲戌・大安十年（宋绍圣元年）

大败阻卜。

公元一〇九五年・乙亥・寿昌元年（绍圣二年）

诏西京炮手弩手教西北路汉军。

公元一〇九七年・丁丑・寿昌三年（绍圣四年）

罢诸路驰驿贡新。
阻卜来降。

公元一〇九八年・戊寅・寿昌四年（宋元符元年）

徙阻卜贫民于山前。

公元一一〇一年·辛巳·天祚帝乾统元年（宋建中靖国元年）

道宗殁，孙延禧继位即天祚帝。

公元一一〇二年·壬午·乾统二年（宋崇宁元年）

策试贤良方正。

辽将萧海里叛，上京赵钟哥起义失败。

公元一一〇三年·癸未·乾统三年（崇宁二年）

夏复请尚公主。

吐蕃来贡。

公元一一〇四年·甲申·乾统四年（崇宁三年）

夏遣使求援。

吐蕃来贡。

公元一一〇五年·乙酉·乾统五年（崇宁四年）

以宗女为公主嫁夏国王李乾顺。

公元一一〇六年·丙戌·乾统六年（崇宁五年）

遣使入宋，为西夏求还所侵夏地。

公元一一〇七年·丁亥·乾统七年（宋大观元年）

东北边将建议朝廷防女真，不听。

公元一一一一年·辛卯·天庆元年（宋政和元年）

燕人马植易名李良嗣，向宋献结女真攻辽之策，宋帝纳之，赐姓赵。

公元一一一四年·甲午·天庆四年（政和四年）

阿骨打起兵反辽，攻下宁江州，出河店，辽、宾、咸、祥等州及铁骊部皆降女真。

公元一一一五年·乙未·天庆五年（政和五年，金收国元年）

阿骨打称帝，国号金。先后败辽军于达鲁古、黄龙府，又败辽帝于护步答冈。

饶州渤海人古欲等起义。

耶律章奴背辽廷奔上京。中京汉民侯槩起义。

公元一一一六年·丙申·天庆六年（政和六年·收国二年）

渤海人高永昌据辽阳起义，自称“大渤海皇帝”。

耶律章奴联渤海及中京义军万余人陷高州。

天祚帝亲征章奴，败之。金攻陷沈州、东京，擒杀高永昌。又陷保州。籍诸路兵有杂畜十头以上者皆从军。

泰州、渤海二千余户起义失败。

公元一一一七年·丁酉·天庆七年（政和七年·金天辅元年）

金军陷春、泰等州。涞水县汉人董庞儿起义。

建怨军八营，屯蒺藜山，又为金军所败，显

州近旁州郡多陷落。

公元一一一八年·戊戌·天庆八年（宋重和元年·天辅二年）

金遣使如辽求封册。遣使如金议和。

东路诸州纷纷起义。宋遣马政浮海约金攻辽。

汉人安生儿等聚众二十万于龙化州。兴中路大饥，霍六哥起义攻占海北州。

通、祺、双、辽四州民降金。

公元一一一九年·己亥·天庆九年（宋宣和元年·天辅三年）

张撒八起义于鸳鸯泺。

阻卜反辽。

遣使如金议和。

公元一一二〇年·庚子·天庆十年（宣和二年·天辅四年）

求兵高丽。

辽金和议不成，金兵陷上京。

金遣使至宋；宋遣马政使金。

公元一一二一年·辛丑·保大元年（宣和三年·天辅五年）

耶律余睹降金。

金军大举进攻。

公元一一二二年·壬寅·保大二年·耶律淳建福元年·德妃德兴元年（宣和四年·天辅六年）

中京、泽州、北安州及西京先后陷落，西路州县多降金。

金宋结盟夹攻。燕王耶律淳独立，求和于金、宋，未成。败宋童贯于白沟。

耶律淳殁，其妻德妃立。既而出奔天祚。

郭药师以涿、易二州降宋。黄龙府辽人反金失败。

宋派赵良嗣聘金。

金兵入燕京。

公元一一二三年·癸卯·保大三年（宣和五年·金天会元年）

上京卢彦伦等起义。奚王回离保自立于越里

部，未久败死，余部降金。金遣使如宋议六州代租钱；宋派赵良嗣报聘，并求西京等州。

金遣使以誓书入宋。

耶律敌烈等劫天祚之子雅里北奔，立为帝，不久殁。

张觉以平州降宋。

金兵陷平州，觉奔燕山，既而宋函张觉首级送金。

公元一一二四年·甲辰·保大四年（宣和六年·天会二年）

耶律大石即位于起儿漫，是为西辽。

夏称藩于金。

天祚出夹山反攻，大败。

公元一一二五年·乙巳·保大五年（宣和七年·天会三年）

天祚由天德军走应州，被金兵俘获。

辽亡。

出版说明

“新编历史小丛书”承自上世纪60年代吴晗策划的“中国历史小丛书”，其中不少名家名作是已经垂之经典的作品，一些措辞亦有写作伊初的时代特征。为了保持其原有版本风貌，再版过程中不做现代汉语的规范化统一。读者阅读时亦可从中体会到语言变化的规律。原版本中出现的现代地名均为写作时的行政区划名称，为体现行政区划的建制沿革，再版时亦不依现在行政区划妄改。

新编历史小丛书编委会

图书在版编目（CIP）数据

辽代史话 / 陈述著. — 北京：北京人民出版社，2021.1

（新编历史小丛书）

ISBN 978-7-5300-0427-2

Ⅰ. ①辽… Ⅱ. ①陈… Ⅲ. ①中国历史—辽代—通俗读物 Ⅳ. ①K246.109

中国版本图书馆 CIP 数据核字（2019）第 048037 号

责任编辑　王铁英
责任印制　陈冬梅

新编历史小丛书

辽代史话

LIAODAI SHIHUA

陈述 著

出　　版　北京出版集团
　　　　　北京人民出版社
地　　址　北京北三环中路 6 号
邮　　编　100120
网　　址　www.bph.com.cn
总 发 行　北京出版集团
印　　刷　北京汇瑞嘉合文化发展有限公司
经　　销　新华书店
开　　本　880 毫米 ×1230 毫米　1/32
印　　张　5.5
字　　数　53 千字
版　　次　2021 年 1 月第 1 版
印　　次　2021 年 1 月第 1 次印刷
书　　号　ISBN 978-7-5300-0427-2
定　　价　29.80 元

如有印装质量问题，由本社负责调换
质量监督电话　010-58572393